Ludwig Börne

Ausgewählte Skizzen und Erzählungen

Zweiter Band.

Ludwig Börne

Ausgewählte Skizzen und Erzählungen
Zweiter Band.

ISBN/EAN: 9783743632110

Hergestellt in Europa, USA, Kanada, Australien, Japan

Cover: Foto ©ninafisch / pixelio.de

Weitere Bücher finden Sie auf **www.hansebooks.com**

Ausgewählte

Skizzen und Erzählungen

von

Ludwig Börne.

Zweiter Band.

Leipzig,
Druck und Verlag von Philipp Reclam jun.

Inhalt.

		Seite
I.	Die Schwefelbäder bei Montmorency	3
II.	Bemerkungen über Sprache und Styl	16
III.	Die Carbonari und meine Ohren	24
IV.	Ueber den Umgang mit Menschen	34
V.	Ueber das Schmollen der Weiber	39
VI.	Die englische Schauspieler-Gesellschaft	43
VII.	Ueber Freimaurerei	50
VIII.	Bauholz zu einem Roman	58
IX.	Die Mencen	64

I.
Die Schwefelbäder bei Montmorency.

Ach, wäre ich nur schon der Rührung frei, wie munter wollte ich herumhüpfen auf dem Papier! Aber Thränen umdämmern meine Augen — und sie haben weit zu sehen, über Frankreich weg, bis hinüber in das Vaterland; aber meine Hand zittert — und sie soll doch Kranken einen Heilbrief schreiben. Tausend frische Zweige säuseln mich vom dürren Pulte weg, tausend Vögel zwitschern mich hinaus; denn sie säuseln, denn sie zwitschern: Rousseau! Rousseau! Die Kastanienbäume dort, ernste Greise jetzt, sie haben in schönern Jahren Rousseau gekannt und mit Schatten bewirthet seine glühende Seele. Das Häuschen gegenüber — ich sehe in die Fenster — darin ist Rousseau's Stübchen; aber er ist nicht daheim. Dort ist der kleine Tisch, an dem er die Heloise gedichtet; da steht das Bett, in dem er ausgeruht von seinem Wachen. O heiliges Thal von Montmorency! Kein Pfad, den er nicht gegangen, kein Hügel, den er nicht hinaufgestiegen, kein Gebüsch, das er nicht durchträumt! Der helle See, der dunkle Wald, die blauen Berge, die Felder, die Dörfchen, die Mühlen — sie sind ihm alle begegnet, und er hat sie alle gegrüßt und geliebt! Hier der Schatten vor meinen Augen — so, ganz so hat ihn die Frühlingssonne um diese Stunde auch seinen Blicken vorgezeichnet! Die Natur rings umher — die treulose, buhlerische Natur! In Liebesthränen lag er zu ihren Füßen, und sie sah ihn lächelnd an, und jetzt, da er fern ist, lächelt sie an gleicher Stelle auch mir, und lächelt Jeden an, der seufzend vorübergeht! — — —

Drei Stunden von Paris, und eine halbe Stunde von Montmorency entfernt, liegt, zwischen den Dörfern Enghien und St. Gratien ein See, welchen die Franzosen den Teich nennen, l'étang. Darüber mag man sich billig wundern! Sie, die Alles vergrößern, die inländischen Tugenden und die ausländischen Fehler, müßten den See — sollte man meinen — das stille Meer von Montmorency heißen, so groß und stattlich ist er. Wahrlich, als ich ihn gestern Vormittag sah — das Wetter war etwas stürmisch — schlug er hohe Shakespeares-Wellen und war unklassisch bis zur Frechheit. Ich brauchte, bei freiem Herzen, zwanzig Minuten, ihn zu umreiten; Liebende zu Fuß können ihn eine ganze schöne Stunde umschleichen. Herrliche Baumgänge umschatten sein Ufer, zierliche Gondeln hüpfen über seine Wellen. Diesem See nahe sind die Badehäuser angebaut, alle auf das Schönste und Bequemste eingerichtet. Die Bestandtheile des Wassers kenne ich nicht genau; die chemische Analyse, die der berühmte Fourroy davon gegeben, habe ich nicht gelesen; nur so viel weiß ich, daß Schwefel darin ist — dieses herrliche Mittel, das, in Schießpulver verwandelt, kranke Völker, zu Arzneipulver gestoßen, kranke Menschen heilt. Wahrscheinlich hat das Badwasser von Montmorency die größte Aehnlichkeit mit dem von Wiesbaden, welches, nach dem Conversations-Lexikon — diesem sächsischen Reichs-Vikar nach Ableben des deutschen Kaisers, der den deutschen Völkern geistige Einheit gibt und dessen zehn Bände das Andenken der ehemaligen zehn Reichskreise mnemonisch bewahren — kohlensaure Kalkerde, Bittererde, salzsaures Natrum, salzsaure Kalkerde und Bittererde, schwefelsaures Natrum und schwefelsaure Kalkerde, Thonerde und etwas mit kohlensaurem Natrum aufgelöstes Eisen enthält. Aber Montmorency ist ungleich wirksamer als Wiesbaden und alle sonstigen Schwefelbäder Deutschlands und der Schweiz. Die nothwendigste Bedingung zur Heilung einer Krankheit durch Schwefelbäder ist, wie die Erfahrung lehrt — die Krankheit; weßwegen auch gute Aerzte, da, wo sie keine

Krankheit vorfinden, ihr Heilverfahren damit beginnen, eine zu schaffen. Paris liegt aber so nahe bei Montmorency, daß die erforderliche Krankheit auf das Leichteste zu haben ist. Aus dieser vortheilhaften Lokalität entspringt für deutsche Kurgäste noch ein anderer ganz unschätzbarer Nutzen: daß sie nämlich gar nicht nöthig haben, sich auf der großen Reise von Deutschland nach Paris mit einer Krankheit zu beschleppen, welches besonders bei Gichtübeln beschwerlich ist, sondern daß sie sich gesund auf den Weg machen und sich erst in Paris mit den nöthigen Gebrechen versehen, von wo aus sie gemächlich in zwei Stunden nach Montmorency fahren, um dort Heilung zu suchen. Sollten sie diese nicht finden, oder gar unglücklicher Weise in Paris sterben — denn es versteht sich von selbst, daß man dort alle seine Zeit zubringt und nur Sonntags zuweilen nach Montmorency fährt, um unter den Kastanienbäumen hinter der Eremitage die feine Welt tanzen zu sehen, — so hat man die Reise doch nicht vergebens gemacht. Es gibt nichts Angenehmeres auf der Welt, als in Paris zu sterben; denn kann man dort sterben, ohne auch dort gelebt zu haben?

Der Vorzüge, welche das Schwefelbad von Montmorency vor allen übrigen Schwefelbädern hat, sind noch gar viele, und ich werde ein anderesmal darauf zurückkommen. Jetzt aber habe ich von etwas Wichtigerem zu sprechen, nämlich von der zweimonatlichen Vorbereitungskur, welcher sich besonders die deutsche weibliche Welt zu unterwerfen hat, ehe sie die Reise nach Montmorency antreten darf. Ich weiß freilich nicht, ob auch junge Frauenzimmer von Stand zuweilen die Gicht bekommen und ob ich nicht gegen die Pathologie und Courtoisie verstoße, wenn ich dieses als möglich annehme. Sollte ich aber fehlen, so entschuldigt mich meine gute Absicht gewiß. Wäre ich nun ein halbes Dutzend Dinge, die ich nicht bin: jung, reich, schön, verheirathet, gesund und ein Frauenzimmer, würde ich, sobald ich im Morgenblatte die Anpreisung des Montmorency-Bades gelesen, wie folgt, verfahren. Ich nehme an, ich lebte seit fünf Jahren in kinderloser, aber zufriedener Ehe. Mein Mann wäre ein Graf und reich. Er wäre nicht geizig, verwendete aber mehr auf seine landwirthschaftlichen Baue, Parkanlagen und Merino-Schafe, als auf meine Launen und Luftschlösser. Er liebte die Jagd sehr, mich aber nicht minder. An Wochen- und Werkeltagen thät' ich ihm in Allem seinen Willen, und nur an Festtagen, die ich mir zu diesem Zweck alle beweglich gemacht, behielte ich mir die Herrschaft vor. Wir lebten zurückgezogen auf unsern Gütern. Mein Mann wäre Tage und Wochen auf seinen entfernten Meiereien, und wir hätten selten eheliche Zwiste. Nun käme er eines Abends — — — aber, um es den Leserinnen bequem zu machen, will ich in der dritten Person, wie Cäsar, und im Indicativ, wie die Weltgeschichte, von mir erzählen.

An einem schönen Mai-Abend — die Dorfglocke verhallte schlaftrunken, der Himmel löste seine rothen Bänder auf, die Sterne wurden angezündet — kehrte Graf Opobeldoc von der Jagd zurück. In das Hofthor eingetreten, sprach er zu seinem Oberjäger: „Lieber Herr Walter, sein Sie so gut und lassen Sie meiner Frau sagen, daß ich da bin." Der Graf war gegen seine Jagdbienerschaft ein gar milder und lieber Herr. Im Gartensaale legte er seine Tasche ab und zog die Ladung aus der Büchse; die Jagd war sehr unglücklich gewesen, nichts, keine Rabenfeder war ihm aufgestoßen. Sophie, das Kammermädchen der Gräfin, kam schüchtern herbei und sprach mit ängstlicher Stimme: „Erschrecken Sie nicht, Herr Graf, es hat gar nichts zu bedeuten, bis morgen ist es vorüber, Sie brauchen sich gar nicht zu beunruhigen." Der Graf stieß zornig seine Büchse auf den Boden. — „Elster, Staarmatz, Gans, was schnattert Sie da? Was hat nichts zu bedeuten, worüber soll ich nicht erschrecken?" Das Kammermädchen erwiberte: „Sie können ganz ruhig sein, die gnädige Gräfin befinden sich etwas unwohl und haben sich zu Bette gelegt." — „Schon gut, brummte der Graf, „schick' Sie mir den Heinrich." — Heinrich kam, seinem Herrn die Stiefel auszuziehen. Wie gewöhnlich, benahm er sich ungeschickt dabei, und bekam einen leisen Fußtritt; so sanft hatte Heinrich den Herrn nie gesehen. Nachdem der Graf in Pantoffeln und Schlafrock war, ging er in das Zimmer seiner Frau. Die schöne Gräfin richtete sich im Bette auf; sie hatte den Kopf mit einem Tuche umbunden — Amor trug die Binde nur etwas tiefer. „Was fehlt dir, mein Kind?" frug der Graf so zärtlich, als ihm möglich war. — „Nichts, lieber Mann; ich bin froh, daß du da bist, jetzt ist mir schon viel besser. Heftiges Kopfweh, Schmerz in allen Gliedern, große Uebelkeiten." Die Gräfin, obzwar eine geübte Schauspielerin, die schon in bedeutenden Rollen aufgetreten, stotterte doch, als sie diese Worte sprach, und ward rosenroth im Gesichte. Der Graf — er besaß große Allodialgüter und war seiner ganzen Collateral-Verwandtschaft spinnefeind — als er seine Gemahlin erröthen sah, faßte ein freudiges Mißverständniß, und drückte der Gräfin so fest und zärtlich die Hand, als er es lange nicht gethan. Diese schrie ein langgedehntes Au! zog die Hand zurück, bewegte krampfhaft die Finger, und wiederholte im Sechsachtel-Takt: Au! au! au! Au ist zwar ein unfeines Wort; aber der Schmerz hat keinen guten Styl, und einen schönen Mund kann auch ein Au nicht verunzieren. Der klugen Leserin brauch' ich es wohl nicht zu sagen, daß jenes Au nichts war, als die erste Scene einer kleinen dramatischen Vorsicht. „Ich habe dich oft gewarnt, Abends nicht so spät in der Laube zu sitzen; du hast dich gewiß erkältet; das kommt dabei heraus!" Nach diesen Worten wünschte der Graf seiner Gemahlin gute Nacht und ging brummend fort.

Am andern Morgen fand sich die Gräfin beim Frühstück ein und erklärte sich für ganz wiederhergestellt. Der Graf fragte, wie gewöhnlich, nach dem Morgenblatte, das der Bote jeden Abend aus der Stadt brachte. Man suchte darnach, es fand sich nicht. „Steht etwas Interessantes darin?" fragte der Graf. Die Gräfin erwiderte, sie habe es gestern, weil sie sich zu Bette gelegt, nicht gelesen. Sie war ungemein hold und liebenswürdig, und schlürfte ein Löffelchen aus der Tasse ihres Mannes, ehe sie ihm dieselbe hinreichte, um zu versuchen, ob der Kaffee süß genug sei — eine zarte Aufmerksamkeit, die sie für feierliche Gelegenheiten versparte. Darauf brachte sie ihre eigene Tasse an den Mund, vermochte sie aber nicht zur Hälfte zu leeren. Sie klagte über Appetitlosigkeit, und daß ihr der Mund so bitter wäre. „Meinst du nicht, liebes Kind — sagte der Graf — daß es gut sei, den Arzt aus der Stadt holen zu lassen?" — „Ich halte es für nicht nöthig, erwiderte die Gräfin, es fehlt mir eigentlich nichts, indessen, wenn es dich beruhigt, thue es immerhin." Ein Reitknecht wurde abgefertigt, und nach zwei Stunden fuhr der Arzneiwagen in den Hof. Der Doctor fühlte den Puls, frug herüber, frug hinüber, schüttelte den Kopf; Frank, sein Polarstern, zog sich hinter Gewölk, und vom menschlichen Herzen, diesem Compasse auf dem Meere zweifelhafter Geschichten, verstand der gute Doctor nichts. In seiner Special-Inquisition erlaubte er sich verbotene Suggestionen; die Gräfin verwickelte sich in ihren Antworten, klagte über die widersprechendsten Leiden, stotterte, ward wiederum roth. Der Graf lächelte abermals und sprach: „Herr Doctor, ich will Sie mit meiner Frau allein lassen."

Als Graf Opobelboc fort war, waren die Leiden der schönen Gräfin auch fort. Sie ließ sich vom Doctor die jüngsten Stadtneuigkeiten erzählen, und fragte diesen endlich: „Waren Sie schon draußen auf dem Freihof beim Baron Habersack gewesen? Er ist krank." — „Ich bin sein Arzt nicht," erwiderte der Doctor seufzend. — „Ich weiß das, sagte die Gräfin; aber ich habe vor einigen Tagen mit der Baronesse von Ihnen gesprochen, sie wird Sie rufen lassen." — Der Doctor machte einen Bückling der Erkenntlichkeit. — „Der Baron hat das Podagra, fuhr die Gräfin fort. Die Baronesse, die ihn zärtlich liebt, glaubt, daß nur ein Bad ihn herstellen könne, aber der Baron ist eben so geizig, als seine Gemahlin großmüthig ist. Sie verläßt sich auf Sie, daß Sie ihm eine Badereise als unerläßlich zu seiner Heilung vorschreiben werden." — „Gnädige Gräfin, eine Badereise wäre Ihnen vielleicht auch anzurathen." — „Meinen Sie, Doctor? (Das ausgelassene Herr machte den Doctor völlig zum Sklaven der Gräfin.) Aber welchen Badeort würden Sie empfehlen?" — „Sind Sie für Wiesbaden, gnädige Gräfin?" — „Ich will nichts davon hören, man begegnet da nur verkrüppelten Männern, und möchte sterben vor Langeweile." — „Was halten Sie von Ems?" — „Man erkältet sich dort Abends zu leicht." — „Lieben Sie Kannstadt?" — „Ich hatte mir dort sehr gefallen; schade nur, daß die Esel fehlen, welche die Bäder in der Nähe von Frankfurt so lustig machen. ... Doctor, was denken Sie von Montmorency bei Paris? die dortigen Schwefelbäder werden sehr angerühmt, und scheinen mir für meine Umstände ganz zu passen." — „Ich kenne sie; glauben Sie doch der französischen Charlatanerie nicht. Einen Schwefelfaden in ein Glas Wasser geworfen, und sich damit gewaschen, thut dieselben Dienste, wie das Bad von Montmorency." — „Aber, lieber Doctor, bedenken Sie die angenehme Reise, Paris, die Zerstreuungen." — „Freilich, gnädige Gräfin, Sie haben recht, die milde Luft Frankreichs wäre Ihren Nerven gewiß sehr heilsam." — „Doctor, reden Sie mit meinem Manne, seien Sie geschickt, Sie werden Mühe haben." „Gnädigste, ich führe eine Schlange in meinem Wappen."

Während oben Kriegsrath gehalten wurde, ging Graf

Opobelboc im Garten auf und ab, und wartete auf den Doctor. Er machte große Schritte und rieb sich vergnügt die Hände, denn er hoffte heute noch seinen nahbegüterten Collateral-Verwandten eine schadenfrohe Botschaft zu bringen. „Wartet nur, naseweiser Bruder" — sprach er lachend vor sich hin — „und Sie, hochmüthige Frau Schwägerin, wir wollen eine Suppe zusammen essen, die gesalzen sein soll." Endlich kam der Arzt, er stürzte ihm entgegen, faßte ihn an beiden Händen und sprach: „Nun, lieber Herr Doctor, was macht meine gute Frau? Trinken wir eine Flasche Madera?" Der Doctor zuckte bedeutend die Achseln. — „Man kann noch nichts sagen, werthester Herr Graf. Man muß der Natur Zeit lassen, sich zu entwickeln. Ich habe eine Kleinigkeit verschrieben, zum Versuch blos." — „Aber was fehlt ihr denn eigentlich." „Es ist eine unausgebildete Gicht, die man zu befördern suchen muß." — „Gicht! Doctor. Meine Frau ist erst drei und zwanzig Jahre alt, so jung und schon die Gicht! Ich habe sie oft gewarnt, das kommt von den weiten Fußreisen, von dem tagelangen Reiten." — „Im Gegentheil, Herr Graf, mehrere und stärkere Bewegung wäre der gnädigen Gräfin zuträglich. Die frühzeitige Gicht findet sich jetzt häufig bei jungen Damen von Stande; das kommt vom übermäßigen Zuckerwasser-Trinken." — Graf Opobelboc ließ sich das gesagt sein; er war ein kenntnißvoller Pferdearzt, aber von der Menschheit in ihrem gesunden und kranken Zustande wußte er nicht viel. Nachdem der Arzt fort war, ging der verdrießliche Ehemann in das Zimmer seiner Frau, ergriff beide dort stehende vollgefüllte Zuckerdosen und schüttete ihren Inhalt zum Fenster hinaus. Alles Hof-Geflügel kam herbei geflattert und schlich langsam und verdrießlich wieder fort, als sich nichts zu picken vorfand.

Vier Wochen lang wechselte die schöne Gräfin Opobelboc zwischen Wohlbefinden und Uebelbefinden mit vieler

Kunst und Ueberlegung ab. Der Arzt kam, der Arzt ging, die Krankheit blieb. Endlich schien die Arznei anzuschlagen — sie mochte wohl sympathetisch gewirkt haben, denn Sophie, das Kammermädchen, pflegte ihre Privatnelken damit zu begießen. Schon seit acht Tagen war keine Klage gekommen aus dem Munde der Gräfin. Terpsichore hatte diese glückliche Verabredung mit Hygieia getroffen; denn am neunten Tage schickte die Baronesse Habersack Einladung zu einem Balle, auf dem sie vor ihrer Abreise in's Bad alle ihre Freunde vereinigt sehen wollte. Die Gräfin schmückte sich auf's Herrlichste, sie war schön wie — ein Engel. (Warum ist die christliche Mythologie so arm an guten Bildern?) Sophie, das Kammermädchen, stand, wie Pygmalion vor seinem Marmorbilde, mit Liebesblicken vor dem Kunstwerk ihrer Hände und flehte die Götter, sie möchten die Gräfin beleben und in einen Mann verwandeln. Der Graf selbst zeigte starke Spuren innern Wohlgefallens beim Anblicke seiner Gemahlin; denn die Hoffnung, daß seine hagere Schwägerin auf dem Balle etwas bersten würde vor Neid, hatte sein ästhetisches Gefühl ungemein geschärft. Er nannte die Gräfin einmal über das Andere: Mein Mäuschen! Endlich bot er ihr den Arm, sie hinab an den Wagen zu führen. Auf der Mitte der Treppe — o unvergleichliche That menschlicher Seelenstärke, einzig in der Weltgeschichte! o glorreichste Heldin des weiblichen Plutarchs! — mitten auf der Treppe, von Rosen umduftet, von Seide umwallt, von Gold und Perlen umglänzt, von Kunst und Natur bis zum Blenden umschimmert, auf dem Wege zum Tanze, auf dem Wege zu tausend süßen Triumphen . . . stieß die Gräfin Opobelboc einen durchdringenden Schrei aus und wollte zusammensinken. Der Graf stützte sie und fragte: „Was hast du, mein Mäuschen?" Die Gräfin konnte vor Schmerz nicht antworten. Man mußte sie die Treppe wieder hinauftragen. Sie legte sich zu Bette. Sophie, ob sie zwar als Kammermädchen hinter den Coulissen stand, war doch überrascht von dem Staatsstreiche ihrer Gebieterin, dessen Geheimniß sie nicht wußte, da die Gräfin, wie jede Frau, ein Allerheiligstes hatte, in das auch die Priesterin Sophie nicht treten durfte, sondern nur sie selbst als hohe Priesterin. Der kranke Fuß wurde bis zur Ankunft des Arztes ohne Erfolg mit Hausmitteln behandelt. Der Doctor kam und hatte mit der Gräfin eine lange geheime Unterredung. Vor dem Weggehen begab er sich zum Grafen und sagte mit feierlicher Stimme: „Herr Graf, ich halte es für meine Pflicht, Ihnen zu rathen, daß Sie einen andern Arzt kommen lassen." — „Noch einen?" rief der Graf. „Ein Congreß! Steht es so schlimm mit meiner Frau? Ist eine gefährliche Revolution in ihr vorgegangen?" — „Nein, werthester Herr Graf, so schlimm ist es nicht; aber die gnädige Gräfin scheinen kein Zutrauen in mich zu setzen und wollen meinen Rath nicht befolgen. Ich habe Ihrer Gemahlin eine Badekur verordnet, aber sie will nichts davon hören. Sie sagt, das Geräusch der Badeorte sei ihr verhaßt, und sie hat mir verboten, mit Ihnen Herr Graf, davon zu sprechen. Aber meine Pflicht ..." — „Herr Doctor, ich liebe die Badeorte auch nicht; können Sie meine Frau nicht auf anderm Wege heilen?" — „Werthester Herr Graf, wir können nicht zaubern, wir Aerzte. Der Arzt und die kranke Natur sind der Blinde und der Lahme; die Natur zeigt uns den Weg, den wir sie tragen sollen. Um einen Kranken zu heilen, müssen wir in ihm den gesunden Punkt, den Punkt des Archimedes auffinden, wo wir den Hebel ansetzen. Die Gicht ist eine Krankheit, die sich auf's Hartnäckigste vertheidigt, sie ist mit Gewalt gar nicht einzunehmen, weßwegen sie auch im Conversations-Lexikon unmittelbar auf Gibraltar folgt...." Der Doctor sprach noch länger als eine Viertelstunde gelehrt und unverständlich, um der Gräfin Zeit zu lassen, ihre Rolle zu recapituliren. — „Sie werden meiner Frau Wiesbaden verordnet haben?" — „Nein, Herr Graf, das Wasser ist zu stark." — „Oder Ems? Nicht wahr, Doctor, Ems, das hilft." — „Trauen Sie ihm nicht, Herr Graf, das Wasser allein thut's dort nicht; die Nachtluft — die Nachtluft ist dort schädlich." — „Welches Bad rathen Sie denn?" — „Das zweckmäßigste wäre Barrège in den Pyrenäen." — „Träumen Sie, Herr Doctor? Wollen Sie meine Frau der Armée de foi zuführen? Soll uns der Trappist attrapiren?" — „Freilich, Herr Graf, Barrège hat seine Bedenklichkeit. Das Wasser von Montmorency bei Paris ist ungefähr von gleicher Beschaffenheit." — „Herr Doctor, wenn unser Einer nach Paris reist, so kostet das gleich ungeheures Geld. Muß es denn sein? Thut es kein anderes Bad? Haben Sie Erfahrungen, ob es hilft?" — „Schon Hippokrates, in seinem Buche von den Winden, rühmt das Bad von Montmorency. Aber, Herr Graf, ich fürchte, Ihre Frau Gemahlin ist nicht zu bewegen." — „Das wird sich finden; wenn ich will, muß sie wollen; ich bin Herr, Herr Doctor."

Graf Opodeldoc brauchte länger als vierzehn Tage, seine Gemahlin für die Schwefelbäder von Montmorency zu gewinnen. Endlich willigte sie ein. „Ich will deiner liebevollen Besorgniß dies Opfer bringen," sprach sie mit matter Stimme. Sie ward täglich schwächer und verließ das Bett nicht mehr. „Liebes Kind — sagte der Graf eines Morgens — ich reite in die Stadt, ich will dir die Putzmacherin herausschicken, du wirst für die Reise noch Allerlei bedürfen." — „Nein, guter Mann, erwiderte die Gräfin, das Nöthigste habe ich, und ein Leichentuch finde ich überall. Ich fühle, wie sich Alles in mir auflöst, bald schließt mich der Tod in seine kalten Arme." — „Kinderpossen! Du wirst in Paris wieder aufleben; dann brauchst Du Flitter genug, und dort ist Alles doppelt theuer." — „O mein Gatte, wozu noch Tand und Flitter? Laß mich den Blick abwenden von allem Irdischen, laß mich gegen den Himmel meine Gedanken richten!" — „Wie du willst!" — brummte der Graf. — Die Vorbereitungen zur Reise waren getroffen, das Gold ward unter Seufzen eingerollt. — Der Graf liebte die Napoleons sehr, doch, als guter Deutscher, nur im Pluriel. Die Gräfin wurde in den Wagen gehoben. Schon am zweiten Tage fühlte sie sich gestärkt, und in Straßburg vermochte sie mit Leichtigkeit den Münster hinaufzusteigen. Oben auf der Platte-Form sagte der Graf: „Mäuschen, Du blühst ja wieder wie eine Rose." Die Gräfin erschrak, bedachte, wie wenig entfernt sie noch von der Heimath wären, und blickte in die untergehende Sonne, um ihre Wangenröthe hinter dem Widerschein der Abendgluth zu verstecken. Als sie an der Barrière St. Martin an das Thor gelangten, durch das man, von Deutschland kommend, in Paris einfährt, wollte der Postillon, wie es ihm auf der Station geheißen, rechts ab gleich nach Montmorency fahren, wo das Quartier voraus bestellt war. Aber die Gräfin befand sich plötzlich so übel, daß man sich entschließen mußte, über Nacht in Paris zu bleiben. Der am andern Morgen herbeigeholte Arzt erklärte die Krankheit für une fiévre non maligne und gebot das Zimmer zu hüten. Der Graf ging aus, Adressen abzugeben, machte Besuche, empfing Besuche; nach einigen Tagen war die Gräfin hergestellt und ward von ihrem Manne in den Strudel von Paris hineingeführt. Die deutsche unlegitime Garderobe wurde in der Vivienne-Straße restaurirt. Der Graf selbst fing an, sich in Paris zu gefallen. Er hatte einen wackern Colonel auf halbem Solde kennen gelernt, der wie er ein leidenschaftlicher Jäger war und der ihm Gelegenheit verschaffte, seine Lust zu befriedigen. Die Gräfin aber hatte vom ersten Augenblicke an eine unüberwindliche Abneigung gegen den Colonel gefaßt und da sie ihren Widerwillen nicht verbarg, führte dieses zu häufigen Zwistigkeiten mit ihrem Manne. „Er ist ein wilder Mensch!" sagte die Gräfin oft. — „Wir gedienten Leute sind nicht anders!" erwiderte jedesmal der Graf. Wochen, Monate gingen vorüber, der Herbst nahte heran, die Rückreise konnte nicht länger verschoben werden. Der Wagen war angespannt, der Colonel umarmte seinen Freund. „Adieu, mon ange!" sagte er zu Sophie, ihr die Wangen streichelnd; aber vergebens suchte er unter Scherzen seine Rührung zu verbergen, Thränen entstürzten seinen Augen. Er faßte die Hand der Gräfin, sie zu küssen, diese zog sie zurück und ließ ihren Schleier fallen. Als sie im Wagen saßen, sagte der Graf: „Du hast dich aber auch gar zu unartig gegen den Colonel benommen! Er ist ein herrlicher Mann, ein ächt deutsches Herz." ... Während auf der ersten Station hinter Paris die Pferde gewechselt wurden, schlug sich der Graf plötzlich vor die Stirn und rief: „Rein vergessen!" Mit freudigem Schreck frug die Gräfin hastig: „Deine Brieftasche? Ich habe sie auf dem Kamin gesehen. Laß uns schnell zurückfahren, ich fürchte, ich habe auch Manches dort vergessen; wenn wir nicht eilen, ist Alles hin." — „Die Brieftasche habe ich — erwiderte der Graf — ich meine, wir haben ja ganz vergessen, uns in Montmorency umzusehen." — „Ueber's Jahr!" lispelte die Gräfin mit einem leisen Seufzer, und warf einen feuchten Blick auf den Dom der Invaliden zurück, dessen goldene Kuppel in der Abendsonne leuchtete.

Graf Opodeldoc lebte wieder im alten Gleise auf seinen Gütern. Die Nachbarinnen waren der Reihe nach gekommen, die Pariser Hüte zu bewundern, welche die Gräfin mitgebracht. Diese hatte sich müde erzählt von den Wunderwerken der herrlichen Stadt — wenn es für Männer angenehm ist, in Paris zu sein, ist es für Frauen noch angenehmer, dort gewesen zu sein und davon zu berichten. Die Herbstwinde raschelten, die Blätter fielen. Es kam der erste November, des Grafen fünfzigster Geburtstag. Der Graf schlief an diesem Tage, wie gewöhnlich, länger als gewöhnlich, um zu allen Vorbereitungen zu seiner Ueberraschung Zeit zu lassen. Er ging hinab in den Saal und wünschte seiner Gemahlin mit erkünstelter Gleichgültigkeit und Kälte einen schönen guten Morgen. Bei seinem Eintreten sagte die Gräfin zu ihrem Kammermädchen: „Geh', Sophie!" indem sie ihr einen sanften Schlag gab. Sophie hatte eine ganze Spitzbubenherberge voll Schelmerei auf ihrem Gesichte und schlüpfte lachend hinaus. „Väterchen!" sprach die Gräfin mit entzückender Holdseligkeit — der Graf kam näher — „Väterchen!" — der Graf stand vor ihr — „Petit Papa!" — Sie ergriff seine Hand, drückte sie fest und zärtlich, er zog sie zurück; sie lächelte, er erröthete. —

— Das macht' ich so!

II.
Bemerkungen über Sprache und Styl.

Im Jahre 1814, glorreichen Andenkens, war ich, als Herausgeber eines politischen Blattes, so glücklich, unter der pädagogischen Leitung eines großmächtigen Polizeidirectors und Censors zu stehen. Ich war damals, was sich von selbst versteht, jünger als jetzt, stand in den Flegeljahren der Schriftstellerei, war ohne Scheu, freimüthig, ein kleiner Hutten. In dieser glücklichen Gemüthsstimmung ließ ich drucken: „die Engländer sind Spitzbuben." Der Herr Polizeidirector strich ganz gelassen diesen Satz aus der Weltgeschichte und bemerkte mir freundschaftlich: ich wäre ein junger Mann, gar nicht ohne Talent, und es wäre recht schade, daß ich meinen Geist nicht auf etwas Solides legte. Sehr beschäftigt, wie er war, wartete er nicht erst meine Erkundigung ab, was er unter Solides verstehe, sondern fügte von selbst hinzu: in der deutschen Sprache wäre noch viel zu thun, und das eigentlich mein Feld, auf dem ich Ruhm und Lohn einernten könnte. Ich erwiderte hierauf: dieses Feld wäre allerdings so angenehm als fruchtbar; aber, meiner Meinung nach, wäre jetzt gar nicht die Zeit, wo ein braver Mann an seine Spaziergänge oder sonstige Vergnügen denken dürfe. Wenn wir uns mit Untersuchungen über die deutsche Sprache beschäftigten, wer denn Europa in Ordnung bringen sollte? — fragte ich ihn. Ohne von dem Censurblatte aufzublicken und mit dem Streichen einzuhalten, antwortete mir der Polizeidirector: das ist unsere Sorge; Sie aber sollen Ihre glückliche Freiheit — Freiheit? Nein das Wort gebrauchte er nicht. Er sagte: Sie aber sollten Ihre glückliche Sorglosigkeit gehörig benutzen, über unsere Muttersprache Forschungen anzustellen. Beatus ille qui procul nogotiis — setzte er mit klassischer Bildung hinzu. Atque emolumentis? frug ich satyrisch. Aber er hörte diese Frage nicht, oder wollte sie nicht hören, und es blieb zweifelhaft, ob das Imp., das er im nämlichen Augenblicke niederschrieb, die Abbreviatur von Impertinent oder von Imprimatur war. Indessen versprach ich, den guten Rath zu befolgen, nahm mein radirtes Blatt und empfahl mich.

Seit jener Zeit habe ich oft und ernstlich über Sprache und Styl nachgedacht, aber was ich suchte, habe ich bis jetzt nicht entdeckt. Was heißt Styl? Büffon sagte: le Style c'est l'homme. Büffon hatte einen schönen und glänzenden Styl, und es war also sein Vortheil, diesen Satz geltend zu machen. Ist aber der Satz richtig? Kann man sagen: wie der Styl so der Mensch? Nur allein zu behaupten: wie der Styl, so das Buch — wäre falsch, denn es giebt vortreffliche Werke, welche in einem schlechten Style geschrieben sind. Doch die Behauptung: der Mensch ist wie sein Buch — ist noch falscher, und die

Erfahrung spricht täglich dagegen. Der Eine dichtet die zartesten Lieder, und ist der erste Grobian von Deutschland; der Andere macht Lustspiele und ist ein trübsinniger Mensch; der Dritte ist ein fröhlicher Knabe und schreibt Nachtgedanken. Machiavelli, der die Freiheit liebte, schrieb seinen Prinzen so, daß er alle rechtschaffene Psychologen in Verlegenheit und in solche Verwirrung gebracht, daß sie gar nicht mehr wußten, was sie sprachen, und sie behaupteten, Machiavelli habe eine politische Satyre geschrieben. Was heißt also Styl? Wie gesagt, ich weiß es nicht, und ich wünsche sehr, darüber belehrt zu werden.

Die Schreibart eines Schriftstellers gehörig zu beurtheilen, muß man die Darstellung von dem Dargestellten, den Ausdruck von dem Gedanken sondern. Aber dieses wird zu oft mit einander verwechselt. Noch ein Anderes wird nicht immer gehörig unterschieden, nämlich: die Schönheit und das Charakteristische des Styls. Man kann sehr schön schreiben, ohne einen Styl zu haben, und einen Styl haben, ohne schön zu schreiben. Ja, eine Schreibart von eigenthümlichem Gepräge schließt die vollkommene Schönheit aus, wie ein Gesicht mit ausgesprochenen Zügen selten ein schönes, und ein Mann von Character selten ein liebenswürdiger ist. Nicht im Colorit, in der größern oder kleinern Lebhaftigkeit der Farben, sondern in der Zeichnung, Stellung und Gruppirung der Gedanken liegt das Eigenthümliche einer Schreibart. Vielleicht hängt der Styl eines Schriftstellers mehr vom Character als vom Geiste, mehr von seiner sittlichen, als von seiner philosophischen oder Kunstanschauung des Lebens ab. Cicero schreibt vortrefflich, aber er hat keinen Styl, er war ein Mann ohne Character. Tacitus hat einen, und Cäsar. Die Franzosen können keinen Styl haben, weil ihre Sprache einen hat. Wer in Frankreich schreibt, schreibt wie die guten französischen Schriftsteller, oder schreibt schlecht. Vergleicht man Rousseau mit Voltaire, so findet man zwar Beider Styl sehr von einander verschieden, doch sind sie es nur so lange, als sich Beider Ansichten von einander unterscheiden. Wo Rousseau denkt wie Voltaire, schreibt er auch wie er. Die deutsche Sprache hat — der Himmel sei dafür gepriesen — keinen Styl, sondern alle mögliche Freiheit, und dennoch giebt es so wenig deutsche Schriftsteller, die das schöne Recht, jede eigenthümliche Denkart auch auf eigenthümliche Weise darzustellen, zu ihrem Vortheile benutzen! Die Wenigen unter ihnen, die einen Styl haben, kann man an den Fingern abzählen, und es bleiben noch Finger übrig. Vielleicht ist Lessing der Einzige, von dem man bestimmt behaupten kann: er hat einen Styl.

Eine andere Frage: woher kommt es, daß so viele deutsche Schriftsteller so sehr schlecht schreiben? Vielleicht kommt es daher, weil sie sich keine Mühe geben, und sie geben sich keine Mühe, weil sie, als Deutsche treu und ehrlich sich mehr an die Sache und die Wahrheit haltend, es für eine Art Koketterie ansehen, den Ausdruck schöner zu machen, als der Gedanke ist. Entspringt die Vernachlässigung des Styls aus dieser Quelle, so ist zwar die gute Gesinnung zu loben; doch ist die Sittlichkeit, von der man sich dabei leiten läßt, eine falsche. Wie man sagt: der Gedanke schafft den Ausdruck, kann man auch sagen: der Ausdruck schafft den Gedanken. Worte sind nichtswerthe Muscheln, in welchen sich zuweilen Ideen als edle Perlen finden, und man soll darum die Muscheln nicht verschmähen. Zu neuen Gedanken gelangt man selten. Der geistreiche Schriftsteller unterscheidet sich von dem geistarmen nur darin, daß er mit größerer Empfänglichkeit begabt, schon vorhandene Ideen, deren Dasein jener gar nicht merkt, aufzufassen und sich anzueignen vermag; aber neue schafft er nicht. Der menschliche Geist müßte eine ungeheure Umwälzung, eine solche erfahren, von der wir gar keine Ahnung haben, wenn der Kreis seiner Wirksamkeit sich bedeutend erweitern sollte. Die größte be=

kannte Revolution, welche die Menschheit erlitten, war das Christenthum, und doch kann man nicht sagen, daß wir viele neue Ideen gewonnen, welche den Alten fremd gewesen. Freilich erklärt sich dieses dadurch, daß auch schon vor Christus christliche Weltanschauung, wenn auch nicht in solcher Ausbreitung als jetzt, geherrscht hat. Kann aber der Schriftsteller keine neuen Ideen schaffen, so vermag er doch die alten in neue Formen zu bringen, und wie die Lebenskraft in der ganzen Natur die nämliche, und es nur die Gestalt ist, welche in der Wesenkette ein Geschöpf über das andere stellt, so wird auch der ewige, ungeborne Gedanke durch einen eblern oder gemeinern Ausdruck edler oder gemeiner dargestellt — und der Pflegevater ist auch ein Vater.

Die schlechte Schreibart, die man bei vielen deutschen Schriftstellern findet, ist etwas sehr Verderbliches. In Büchern ist der Schaden, den ein vernachlässigter Styl verursacht, geringer und verzeihlicher; denn Werke größern Umfangs werden mehr von Solchen gelesen, die eine umschlossene oder gesicherte Bildung haben, und der sittliche und wissenschaftliche Werth dieser Werke kann ihren Kunstmangel vergüten. Zeitschriften aber, aus welchen allein ein großer Theil des Volks seine Bildung wenigstens seine Fortbildung schöpft, schaden ungemein, wenn sie in einem schlechten Style geschrieben sind. Die wenigsten deutschen Zeitschriften verdienen in Beziehung auf die Sprache gelobt zu werden. Es ist aber leicht an ihnen zu gewahren, daß die Fehlerhaftigkeit des Styls von solcher Art ist, daß sie hätten vermieden werden können, wenn deren Herausgeber und Mitarbeiter mit derjenigen Achtsamkeit geschrieben hätten, die zu befolgen Pflicht ist, sobald man vor dreißig Millionen Menschen spricht. Man glaubt gewöhnlich, jedes Kunsttalent müsse angeboren sein. Dieses ist aber nur in einem beschränkten Sinne wahr, und giebt es ein Talent, das durch Fleiß ausgebildet werden kann, so ist es das des Styls. Man nehme sich nur vor, nicht alles gleich niederzuschreiben, wie es einem in dem Kopf gekommen, und nicht alles gleich drucken zu lassen, wie man es niedergeschrieben. Eine gute Styl-Uebung für Männer (denn Knaben auf Schulen im Style zu üben, finde ich sehr lächerlich) ist das Uebersetzen, besonders aus alten Sprachen. Ich meinerseits pflege mich am Horaz zu üben, und — es kommt hier nicht darauf an, ob mir die Uebersetzungen mehr oder minder gelungen, aber das habe ich dabei gelernt: daß die Reichthümer der deutschen Sprache, wie wohl jeder, nicht oben liegen, sondern daß man darnach graben muß. Denn oft war ich Tage lang in Verzweiflung, wie ich einen lateinischen Ausdruck durch einen gleich kräftigen deutschen wiedergeben könne, ich ließ mich aber nicht abschrecken und fand ihn endlich doch. So erinnere ich mich, acht Tage vergebens darüber nachgebacht zu haben, wie sub Dio moreris zu übersetzen sei, und erst am neunten kritischen Tage fand ich das richtige Wort. Mehrere deutsche Journalisten werden es einst bereuen, daß sie die gegenwärtige vortheilhafte Zeit nicht zur Verbesserung ihres Styls benutzt haben. Die goldene Zeit der römischen Literatur begann, als die der Freiheit aufhörte. Natürlich. Wenn man nicht frei heraussprechen darf, ist man genöthigt, für alte Gedanken neue Ausdrücke zu finden. Die schönsten Stellen des Tacitus sind, wo er von der alten Freiheit spricht, weil er dieses verdeckt thun mußte, da er, zwar unter einem guten Kaiser, aber doch unter einem Alleinherrscher lebte. Unsere Zeit auch verstattet nicht, alles frei herauszusagen, und durch diesen Zwang befördert sie sehr den guten Styl. Man möchte von Constitution, von Spanien, von Italien sprechen, aber es ist verboten. Was thut ein erfinderischer Kopf? Statt Constitution sagt er „Leibesbeschaffenheit," statt Spanien „Iberien," statt Italien „das Land, wo im dunkeln Hain die Goldorangen glühen," und gebraucht für diesen und je-

nen Gedanken diesen und jenen dichterischen Ausdruck, den
der gemeine Mann nicht versteht. Denn darauf kommt
jetzt Alles an, daß der gemeine Mann nicht errathe, was
wir wollen, sondern fühle, was wir gewollt. Die deutschen Journalisten müssen sich aber eilen. Sie sollen nicht
vergessen, daß am 20. September 1824, Abends mit dem
Glockenschlage zwölf, die Censur in Deutschland auf-
hört. Wenn sie also bis dahin ihren Styl nicht verbes-
sert, werden sie mit ihrem schlechten Style in die Ewigkeit wandern.

Weil wir gerade in so freundschaftlichen Unterhaltun-
gen begriffen sind, will ich noch erzählen, wie ich dazu
gekommen, den Horaz zu übersetzen. Am 20. März 1815
kehrte Napoleon von der Insel Elba zurück. Wir deutschen
Zeitungsschreiber wurden rein toll vor Freude. Nicht
etwa aus Liebe für die korsische Geißel — bewahre der
Himmel! — sondern weil uns nach langer Dürre endlich
wieder erfrischende Nachrichten zugekommen. Ich schrieb hurtig einen schönen Artikel in meine Zeitung — nicht für,
sondern gegen Napolen; denn, es offenherzig zu gestehen, ich war damals noch eine recht gläubige Seele und
sehr dumm, wenn ich mich so ausdrücken darf. Aber der
Artikel, der mit vielem Feuer geschrieben, wurde von oben
erwähntem Polizeidirector dennoch gestrichen. Den andern
Tag fragte ich dessen Secretair, warum es geschehen, da
wir doch Alle mit der Geißel der Menschheit Krieg führten? Dieser antwortete mir: „Wind ist Wind, ob er nach
Osten oder Westen bläst — gleichviel. Er soll gar nicht bla-
sen, wir wollen Ruhe haben." Also wie gesagt, mein Artikel
wurde gestrichen. Es war zehn Uhr Abends, und es fehlte
mir eine halbe Spalte. Was thue ich? Im Polizeizim-
mer lag unter den Sachen eines Jenaer Studenten, der
am nämlichen Tage, weil er seine Wirthshauszeche nicht
bezahlen konnte, arretirt worden war, ein kleiner Horaz.
Ich setze mich hin, und übersetze daraus die Ode: Nunc

est bibendum, und bringe das nasse Manuscript zum Censiren in's Nebenzimmer, wo der Polizeidirector saß. Dieser las es, und sprach: „Charmant! Ich muß Ihnen das Compliment machen, daß Sie die Ode recht gut übersetzt. Horaz — ja das war ein Mann! Welche Sprache, welche Delicatesse, welches attische Salz! (Schade, bemerkte ich, daß auch dieses Salz ein Regal ist!) Und welche Philosophie, welche Sittlichkeit, welche Tugend! Ja Horaz, das nenne ich einen wackern Mann!" . . . Als ich Horaz wegen seiner Sittlichkeit loben hörte, pochte mir das Herz, ich konnte es nicht länger aushalten, und mußte mir Luft machen. Ich ordnete meine Glieder, streckte feierlich wie ein Gespenst meine Rechte aus, und sprach wie folgt: „Horaz ein wackrer Mann? der? Nun, dann seid mir willkommen, ihr Memmen und Schelme! Nicht als ich Sylla morden, als ich Cäsar rauben, als ich Octavius stehlen sah, gab ich die römische Freiheit verloren — erst dann weinte ich um sie, als ich Horaz gelesen. Er, ein Römer, ihr Götter! und seine Kinderaugen haben die Freiheit gesehen — er war der erste, der sich am Feuer des göttlichen Genius seine Suppe kochte. Was lehrt er? Ein Knecht mit Anmuth sein. Was singt er? Wein, Mädchen und Geduld. Ihr unsterblichen Götter! ein Römer und Geduld. Er vermochte darüber zu scherzen, daß er in jener Schlacht bei Philippi, wo Brutus und die Freiheit blieb, seinen kleinen Schild „nicht gar löblich" verloren. Klein war der Schild, Herr Polizeidirector, und doch warf er ihn weg — so leicht macht' er sich zur Flucht! Und der ein wackrer Mann?" . . . Ich sagte noch mehrere solche, theils fürchterliche, theils heidnische Dinge. Der Polizeidirector entsetzte sich, trat weit, weit von mir zurück, und sah mich flehentlich an. Ich ging. Auf der Treppe dachte ich, er ist doch kein ganzer Türke — er fürchtet die Ansteckung!

Aber das Lob, das officielle Lob, daß ich Nunc est

bibendum gut verdeutscht, hatte ich weg. Das munterte mich auf, ich übte mich weiter, und so habe ich nach und nach fast den ganzen Horaz übersetzt. Da liegen sie nun, die armen Oden und Satyren, und ich weiß nicht, was ich damit machen soll. Sollte ein unglückseliger Zeitungsschreiber Gebrauch davon machen wollen, die Zahnlücken der Zeit damit auszufüllen, so stehen sie ihm zu Gebote. Briefe werden postfrei erbeten.

III.
Die Carbonari und meine Ohren.

Als ich nach Mailand kam, herrschte dort eine sichtbare Gährung. Man hatte Nachricht erhalten, daß in Turin eine Revolution ausgebrochen; die Behörden waren argwöhnisch, achtsam, streng; das Gesindel freute sich auf die kommende Verwirrung; und manche angesehene Bürger sahen wie vergnügte Erben aus, die aus Schuldigkeit ein betrübtes Gesicht machen. Ich hatte in Mailand italienische Sprache gefunden, aber keinen italienischen Himmel, Gegenwart, aber keine Vergangenheit, und ich eilte mich, über die Schwelle des Paradieses zu kommen. Nachdem ich mit einem Vetturino auf den folgenden Tag für die Fahrt nach Florenz Abrede getroffen, ging ich in das Theater Della Scala. Man gab die Oper Othello von Rossini. Da mir die abgöttische Verehrung bekannt war, die man in Mailand wie in ganz Italien vor Rossini hegte, mußte meine Verwunderung groß sein zu bemerken, daß man im ganzen Saale der Darstellung nicht die geringste Aufmerksamkeit schenkte. Man lachte, schwatzte, ging in den geräumigen Logen auf und ab, nahm Erfrischungen, und der Himmel weiß, vor wem sich die Sänger und Sängerinnen eigentlich bemühten. Endlich trat Desdemona auf und ward mit Beifallklatschen empfangen. Sie verneigte sich dreimal, zuerst vor der leeren Hofloge, dann

rechts, dann vor dem Parterre. Ich weiß nicht, war die Sängerin beliebt oder die Arie, die sie zu singen hatte, es trat, sobald sie erschien, die größte Stille ein. Sie sang eine tödtliche Viertelstunde; der Hals war mir wie zugeschnürt, und es ward mir erst leichter, als ich an den Schnörkeln und schnelleren und heftigeren Schritten der Melodie bemerkte, daß sich die Cavatine dem entscheidenden Augenblicke nahe. Signora Desdemona legte auch bald die Sturmleiter an, um in die Bresche, die sie in das Herz der Zuhörer gesungen, einzubringen, und den Beifall zu erobern. Ein tapferer Triller drängte sich voraus — man hörte keinen Athemzug . . . . da fiel ein Kanonenschuß. Ich sprang erschrocken von meinem Sitze auf, ein dumpfes Gemurmel entstand im Saale, ich hörte, wie in einer etwas entfernten Loge man sich in das Ohr flüsterte: bis morgen sind sie hier. Ich fühlte meine Wangen erglühen, meine Augen wurden naß, eine himmlische Freudigkeit durchfächelte meine Adern; und da mir armem Schelme immer das Herz bis am Munde steht, und es nur eines Tropfens bedarf, es überfließen zu machen; da ich die jammervolle und lächerliche Gewohnheit habe, laut mit mir selbst zu sprechen — plagte mich der Teufel, und ich rief so vernehmlich, daß man es zwei Logen weit hören konnte: **es leben die Carbonari! es lebe Italien!**
Zitto! quiekte ein Sopranstimmchen hinter mir; ein anderer feister Herr sah mich mit Verwunderung an; eine schöne Dame hielt das Schnupftuch vor dem Munde. Doch hatten meine aufrührerischen Reden weniger Eindruck gemacht, als man hätte erwarten sollen, wahrscheinlich, weil man den Sinn der deutschen Worte nicht verstanden. Ich selbst aber hatte sie nur zu gut verstanden, und als der Begeisterung Ueberlegung und Kopfschmerzen folgten, als ich des Ortes, der Zeit und der Verhältnisse gedachte, kam große Bangigkeit über mein Herz. Ich zitterte vor den ökonomischen Gerichten, schon fühlte ich den Scharfrichter

das Maß von meinem Halse nehmen, und wollte ich noch
so gnädig mit mir verfahren, konnte ich mir eine folternde
Untersuchung und eine lange Gefangenschaft nicht erlassen,
und meine verzagte Hoffnung schmeichelte sich nichts Grö-
ßeres, als daß sie mich hier in Mailand behalten, und
nicht in dem abscheulichen Olmütz einsperren würden. Ach,
seufzte ich, säßest du jetzt an einem Froschteiche in der Mark
Brandenburg, wie viel wohler wäre dir dort, als bei dem
süßen Geleier der Signora Desdemona! Wehe Unglücklicher! wenn der Akt zu Ende ist, kommt die Wache und
holt dich! . . . . . Der Akt ging zu Ende, die Wache kam
nicht, und als ich auch den zweiten Akt mit freien Ohren
absingen hörte, fing ich an mich zu beruhigen.

Die Oper war geendigt, und ein Ballet sollte folgen.
In der stillen Zwischenzeit trat ein junger Mensch in meine
Loge, der zuerst mit Diesem und Jenem sich unterhielt,
und da er mich endlich gewahrte, überrascht ausrief: Ach,
Sie hier! Er nannte mich bei meinem Namen. Ich er-
innerte mich seiner nicht, und da er mir erzählte, daß er
mich in N. in verschiedenen Gesellschaften gesprochen, murrte
ich zum tausendsten Male über mein schlechtes Gedächtniß
für Namen und Gesichter. „Ich wundre mich," sagte der
junge Mensch, „daß mir Herr S. nichts von Ihrem Hier-
sein erzählt hat." — Wie! rief ich, S. ist hier? — „Und
das wissen Sie nicht? dort in der Loge sitzt er. Ich will
Sie hinführen." Ich, sehr vergnügt, einem meiner ältesten
Freunde so unerwartet zu begegnen, folgte meinem Führer.
Kaum hatte ich die Logenthüre hinter mir, als mein dienst-
williger Herr verschwand, und acht Soldaten sarmatischen
Ansehens mich in ihre Mitte nahmen. Sie führten mich
in eine Wachtstube des Opernhauses. Dort durchsuchte
man mit vieler Höflichkeit und Genauigkeit meine Taschen,
meine Papiere wurden mir abgenommen — „wenn es
Ihnen gefällig ist," sagte der Polizei-Commissair; ich folgte
ihm. Vor dem Hause hielt eine Kutsche, man hieß mich

hineinſteigen, der Commiſſair ſetzte ſich neben mich, und
— Adieu Welt! krächzte eine Rabenſtimme mir nach.
Ob ich in einer Schlacht zittern würde? Ehrlich geſprochen,
ich bin des Gegentheils nicht ganz gewiß, aber das weiß
ich, daß nur meine Nerven zittern würden, meine Seele
bliebe ruhig. Doch ſelbſt mein unſterbliches Ich iſt voller
Schauer, wenn es von einer Polizei bedroht wird. Mir
war gar zu wehe. Der Wagen war ſo niedrig, eng und
ſo feſt verſchloſſen, daß ich zu erſticken glaubte. Er hatte
auf beiden Seiten eine runde, mit einem Drahtgeflechte
bedeckte Scheibe, die nicht viel größer war, als das Glas
eines Fernrohres. Der durchfallende Mondſchein zeichnete
ein Netz zu meinen Füßen ab, in dem meine Einbildungskraft angſtvoll zappelte. Mein Wächter neben mir ſprach
kein Wort, er war vielleicht beſchäftigt, meine Seufzer zu
überſetzen; ich gab ihm Arbeit genug.

Nach einer viertelſtündigen Fahrt hielt der Wagen ſtill.
Ich hörte ein ſchweres Thor hinter ihm zuſchlagen. Die
Kutſche wurde geöffnet, ich ſtieg heraus, und ſah mich in
einem, mit hohen Mauern umſchloſſenen und mit zahl-
reichen Wachen beſetzten Hofe. Man ließ mich in das
Zimmer des Gefängnißwärters treten. Dort wurde ich in
ein Buch eingezeichnet und abkonterfeit, wie es in einem
Paſſe zu geſchehen pflegt. Meine Namensunterſchrift mußte
ich auch hineinſetzen. Numero vier — ſagte der Polizei-Commiſſair dem Gefängnißwärter. Dieſer, ein alter
Mann mit eſſigſauern Mienen, ward darauf plötzlich freundlich gegen mich, rückte ſeine Mütze und holte mir einen
Stuhl, der Polizei-Commiſſair wünſchte mir gute Nacht
und flüſterte mir zu: Seien Sie guten Muths, es wird
ſo ſchlimm nicht werden. „Aennchen, leuchte dem Herrn,"
rief der Gefängnißwärter in ein Nebenzimmer hinein. Ein
junges Mädchen, in jeder Hand ein Licht, ging eine Treppe
hinauf, ich folgte, der Gefängnißwärter hinter mir. Machen
Sie ſich's bequem, ſagte mir dieſer, indem er ein Zimmer

aufschloß: wenn Sie das Nachtessen befehlen, belieben Sie nur zu klingeln. Er und das Mädchen gingen fort und ich war erstaunt, daß die Thüre von außen nicht verschlossen wurde. Meine Verwunderung stieg, als ich mich im Zimmer umsah und die bequemste und schönste Einrichtung fand. Sogar an einem Schreibzeuge und an Papier fehlte es nicht. Die eiserne Maske konnte es nicht besser gehabt haben. Nachdem ich mich von den Schrecken dieses Abends etwas erholt, und mich auf mein Verhör so gut als möglich vorbereitet hatte, fing ich an, meine Geschichte von der romantischen Seite zu betrachten. Das heiterte mich auf. Ich zog die Schelle, um das Abendessen zu begehren. Aennchen kam, vom Alten begleitet, trug auf und schnitt mir die Speisen vor. Ich bekam nur einen Löffel; der Gefängnißwärter entschuldigte sich mit der eingeführten Ordnung. Das Essen war gut, der Wein noch besser. Der Alte ging fort, Aennchen blieb noch einen Augenblick im Zimmer, legte die Hand mit einem bedeutenden Blicke auf eine zusammengefaltete Serviette, die auf einem Toilettentische lag, brachte dann die Finger an die Lippen, und wünschte mir wohl zu schlafen. Als sie fort war, verschloß ich das Zimmer, legte die Serviette auseinander, fand aber Nichts darin. Ich kleidete mich aus, und schlief diese Nacht sanfter, als man in meinen Verhältnissen zu thun pflegt.

Als ich am andern Morgen erwachte, umging ich noch einmal die Festungswerke meiner Unschuld, untersuchte genau alle ihre Punkte, vertheilte zweckmäßig meine Vertheidigungskräfte und verstärkte die schwachen Seiten. Aennchen brachte mir das Frühstück und sie kam ohne den Alten. War es meine wiedererlangte Gemüthsruhe, war es das Tageslicht — aber ich entdeckte jetzt erst die wundervolle Schönheit des Mädchens, an der ich den Abend zuvor unachtsam vorüber gegangen war. Aennchen stand in der Zauberstunde des weiblichen Lebens, wo die Jungfrau mit halbgeöffneten Lippen nach den Antworten hinhorcht, die ihr die Natur auf ihre Fragen giebt. Rosen und Lilien theilten den Thron ihrer Wangen, der blaue Himmel war nur der Abglanz ihrer Augen, auf ihren Lippen war das Lächeln eines schlummernden Kindes, ihr goldnes Haar, müde seiner eignen Last, ruhte auf ihren Schultern aus, ehe es weiter wallte — Engel hätten sie als ihre Schwester geliebt, aber auch einen Teufel hätte das Mädchen verführen können. Als ich in ihrem Anschauen verloren, sprachlos vor ihr stand, da zuckte etwas über ihr Gesicht, das sie plötzlich entgötterte, und was ich halb klarer verstand. Aennchen durchsuchte alle Winkel des Zimmers; dann legte sie, wie den Abend vorher, die Hand auf die zugefaltete Serviette, dann entfaltete sie diese und schüttelte sie. Ich fragte sie, was sie suche? Sie trat mir näher und sprach schnell und ängstlich: „Mein Onkel ist ein harter Mann, und viel zu streng. Neulich hatten wir einen Gefangenen, der unser Dienstmädchen gewonnen. Er legte jeden Morgen einen Brief in die Serviette, den das Mädchen, ungeachtet sie nur in Begleitung des Onkels in das Zimmer ging, auf diese Weise unbemerkt mit nahm, und in der Stadt abgab. Seitdem muß ich selbst die Gefangenen bedienen, und genau nachsehen, ob sie nirgends was Geschriebenes versteckt." Ich fragte Aennchen, ob sie mich verrathen würde, wenn ich ihr einen Brief anvertraute. Sie legte die Hand auf das Herz, und sah mich mit ihren Himmelsaugen an. Lamm! sagte ich, Mädchen, so jung, so schön . . . . . „guter Landsmann," lispelte sie, und legte vertraulich ihre Hand auf meine Schulter . . . . „so schön, so jung, und schon so schlecht!" Schlange! donnerte ich ihr zu — der Schmerz erwürgte meine Stimme, ich sank auf den Stuhl, und ein Strom von Thränen entstürzte meinen Augen. —

Als ich die Hände von meinen nassen Augen weg zog, war das Mädchen fortgegangen, und der Polizei-Commissair, mein Begleiter des vorigen Abends, stand vor mir. Er sah meine Bewegung, und diese mißdeutend sprach er mir abermals Muth ein. „Beruhigen Sie sich doch, es kann ja nicht unsere Absicht sein, Sie unglücklich zu machen. Wir sind ja alle Deutsche .. Verführung .. Leichtsinn .. Schwärmerei .. Sagen Sie nur die reine Wahrheit. Sie können sich um die Regierung noch Verdienste erwerben. . ." Ich schüttelte den Kopf — das ist es nicht, sagte ich; doch lassen Sie uns gehen. — Ein Wagen wartete unserer, ich ward auf die Polizei geführt. Der Polizeidirector, einen protokollführenden Secretair zur Seite, saß da schon in Bereitschaft. Das Verhör begann. Man fragte mich um meinen Namen, mein Gewerbe, den Zweck meiner Reise, meine Bekanntschaften in Mailand ... Kurz, man kennt ja dieses Treibjagen einer grausamen Polizei, wo das Geständniß eines Angeschuldigten, wie ein armes Wild, in immer engere Kreise getrieben wird, bis es in die Schußweite gekommen. Man fragte mich eine Stunde lang, und hatte von meinem eigentlichen Vergehen noch kein Wort gesprochen. Endlich kam die entscheidende Frage: Was war Ihre Absicht, als Sie gestern im Theater: **es leben die Carbonari** riefen? Und: **es lebe Italien** — setzte der Secretair hinzu. Jetzt galt es, um mein Leben vielleicht. Aber so räthselhaft ist die menschliche Natur, so mannigfaltig sind die Schwächen und Eitelkeiten des menschlichen Herzens, daß ich noch überlegen konnte, ob ich lügen und mich köpfen lassen, oder die Wahrheit gestehen und mich lächerlich machen sollte. Da ich mit meiner Erklärung zauderte, wurde die Frage wiederholt. „Ich bin **harthörig**", erwiderte ich. „Setzen Sie sich doch gefälligst", sagte der Secretair sehr leise, und ohne mich anzusehen. Ich wollte dem schlauen Herrn seine Freude nicht verderben, nahm einen Stuhl und setzte mich. Sie sind also harthörig? — schrie der Polizeidirector. — Ich **war** es — wollte ich sagen, ich war es bis gestern. — Nun? — der Secretair versammelte alles, was Pfif-

ſiges und Boshaftes in ihm vorräthig war, um die Spitze
ſeiner Naſe und paßte ſehr auf. Ich fuhr fort . . . „Als
die Nachricht von der neapolitaniſchen Revolution nach
Deutſchland kam, eilte ich nach Italien zu kommen . . ."
Der Secretair war wie ein Geier hinter dieſen Worten
her, und ſchrieb ſie hurtig auf. Ich fühlte, daß ich dumm
geſprochen; ich war aber einmal in den Hohlweg hinein,
und konnte nicht mehr umkehren. Ich ſetzte meine Rede
fort: „den Wunſch Italien zu ſehen hatte ich ſchon längſt,
ihn auszuführen ſchien mir jetzt die gelegentlichſte Zeit.
Es hieß, die Monarchen würden, von Wien kommend, Rom
und Neapel beſuchen . . Feſtlichkeiten . . Sicherheit der
Wege; kurz ich beſchloß die Reiſe zu machen. Aber unglücklicher Weiſe verſtand ich kein Wort italieniſch. Ich
nahm mir vor, noch ſchnell in dieſer Sprache einigen Un-
terricht zu nehmen, und ſo viel zu lernen, als in wenigen
Wochen möglich iſt. Ich las von Morgen bis Abend ita-
lieniſche Bücher und Zeitſchriften. Unter andern Werken
kam mir auch ein Heft eines hier in Mailand erſcheinenden
Journals zu Augen. Ich fand darin ein Mittel gegen
die Harthörigkeit empfohlen, ein Uebel, woran ich ſchon
viele Jahre litt. Das Mittel beſtand darin, daß man
beim Tabakrauchen den angezogenen Rauch, ſtatt ihn gleich
weg zu blaſen, eine Zeit lang im Munde behält, und
Mund und Naſe dabei feſt verſchließt. Nach wenigen
Wochen dieſes Verfahrens kommt das Gehör zurück. Ein
ruſſiſcher Graf, der dieſes Mittel empfahl, behauptet, daß
ſich deſſen Wirkſamkeit ſchon bei vielen völlig Tauben er-
probt habe. Ich beſchloß es anzuwenden. Drei Wochen
lang befolgte ich die Vorſchrift, ohne Beſſerung zu ſpüren.
Geſtern in der Oper ſchmerzten mich die Ohren ſehr. Die
Urſachen dieſer Schmerzen wurden mir erſt ſpäter klar, und
ich konnte dann auch erſt begreifen, warum mir der Ge-
ſang aller Mitſpielenden ſo abſcheulich vorgekommen. Während einer Bravour-Arie der Desdemona glaubte ich einen

Kanonenschuß zu hören. Ich erschrak, entdeckte aber bald zu meiner unaussprechlichen Freude, daß mit meinen Ohren eine Veränderung vorgegangen war. Das Land der Töne, das ich bis jetzt nur am fernen Horizonte dämmern sah (sehr poetisch! — brummte der Secretair) lag jetzt nah und sonnenhell vor mir. Ich hörte das leiseste Geflüster in den entferntesten Theilen des Saales — ich war glücklich. Da fiel mir bei, wie sonderbar Großes und Kleines in der Welt zusammenhängt, und daß ich eigentlich der Verschwörung von Neapel die Wiedererlangung meines Gehörs zu verdanken habe. Lebhaft bin ich ohnedies, und in meiner Freudigkeit dachte ich lauter als gut war, und ich rief: es leben die Carbonari! — — Der Secretair sprang wüthend auf, und sprach: Herr, wollen Sie uns zum Besten haben? Herr Director, sagte ich, die Wahrheit, die Sie gehört, ist lächerlich genug; als eine Erdichtung wäre meine Erklärung gar zu abgeschmackt. Sie werden mich nicht für so dumm halten, daß ich nicht fähig wäre, eine Lüge glaubhafter zu machen, und nicht für so unverschämt, daß ich es wagen sollte, Ihnen solch ein albernes Märchen aufzubinden. — Beharren Sie auf Ihrer Erklärung? — Ja. Damit war das Verhör zu Ende, man ließ mich das Protokoll unterzeichnen, und brachte mich ins Gefängniß zurück.

Acht jammervolle Tage wartete ich die Entscheidung meines Schicksals ab. Aennchen ließ sich nicht wieder sehen, und der Alte, der am ersten Tage meiner Gefangenschaft mich freundlich behandelt hatte, betrug sich nach meinem Verhöre rauh und hart, und ließ mich Manches entbehren. Endlich ward ich abermals auf die Polizei geführt. Man gab mir dort meine abgenommenen Papiere und meinen Paß zurück, und kündigte mir meine Freiheit an. Ob man sich von meiner Unschuld überzeugt hatte, ob sich Leute für mich verwendet hatten, ob man mich glimpflich behandeln wollte, oder was sonst meiner Angelegenheit eine glücklichere Wendung gegeben als ich erwarten durfte — das weiß ich heute noch nicht. Aber im ganzen lombardisch-venetianischen Königreich war Keiner froher als ich. Selbst meine erlittene Gefangenschaft schien mir ein Gewinnst, denn ich sah sie als ein Gläschen Wermuth an, das man vor dem Essen nimmt — und stand nicht ein herrlich gedeckter Tisch vor mir, duftete nicht Rom in goldener Schüssel, blinkte nicht das Meer in krystallener Flasche? — Als man mir nun bedeutete, ich hätte innerhalb vier und zwanzig Stunden Mailand zu verlassen, antwortete ich vergnügt: Morgen früh fahre ich nach Florenz. „Zum Teufel fahren Sie — schnaubte mich ein dicker Offizier an, den das Land unter der Ens gemästet — Marsch! rechts um, kehrt euch! Sie gehen hin, wo Sie hergekommen. Mir wären Sie nicht so leicht entwischt!" — Bei diesen Worten machte der Wütherich eine fuchtelnde Bewegung mit der Hand, die mich mit Schauder erfüllte. Er hielt mir meinen Paß unter die Nase: „da lesen Sie!" der Paß war nach Tyrol und der bairischen Grenze visirt, und stand darin: „hat sich Signalisirter bei Vermeidung gefänglicher Haft nirgends länger als 12 Stunden aufzuhalten, und von dem gezeichneten Wege nicht abzuweichen." Gleich einem Blitzstrahle fuhr dieses Gebot durch mein Herz; entseelt stand ich da. Wie ich nach Hause gekommen, wie eingepackt, mich in den Wagen geworfen und fortgejagt über Berg und Thal, durch Tag und Nacht — ich weiß es nicht. Erst in München kam ich zur Besinnung.

So mußte ich auf dem Wege, den ich hergekommen, zurückkehren in das Philisterland! Italien, Wunderinsel meiner Träume, so habe ich dich gesehen — im Traume! Wer war es damals, der meine Schmerzen linderte, der Balsam goß in meine Wunden, der meine Thränen trocknete? Du warst es, Phantasie, himmlische Trösterin, die den Hungrigen in der Wüste mit Manna speist, die aus Baumrinden Brod bäckt und Zucker aus Rüben bereitet. Ich danke dir, gnädige Göttin!

IV.
Ueber den Umgang mit Menschen.
(1824.)

Vieles kann der Mensch entbehren, nur den Menschen nicht. Ihm ist die Welt gegeben; was er nicht hat, ist er. Nichts ist herrenlos auf dieser Erde, nicht einmal der Herr; nichts ist frei, nicht einmal die Luft — man kann sie dir nehmen. Gelüstet dir nach einer Blume, nach einer Frucht: der Garten, in dem sie wachsen, ist einem Menschen eigen. Suchst du Weisheit: der Mensch lehrt sie dich, oder das Buch, das ihm gehört. Willst du in den Himmel: Petrus hat den Schlüssel. Bist du arm, brauchst du Menschen, die dir geben; bist du reich, brauchst du Menschen, welchen du gibst. Denn ob du einsam auf einer wüsten Insel darbst, ob du einsam im wüsten Herzen genießest, du bist nicht glücklich, wenn du einsam bist. Dein Glück auch in der Einsamkeit zu finden, mußt du heilig sein, und das bist du nicht, wenn du willst; Wenige sind auserkoren. Was dir Menschen geben, mußt du bezahlen mit dem, was du hast, oder theurer, mit dem, was du bist. Auch Freundschaft wird dir nicht unentgeldlich. Jeder hat in seinem Leben einen schönen Kindertag, wo er, wie die ersten Menschen im Paradiese die Früchte des Feldes, so auch Liebe ohne Sorgen und Mühe findet. Ist dieser Tag aber vorüber, erwirbst du, wie dein Brod, so auch Liebe nur im Schweiße deines Angesichts. Ihr müßt Herzen säen, wollt ihr Herzen ernten. Kann man den Menschen nicht gewinnen, wie verdient man ihn? Kann man ihn gewinnen, welchen Einsatz fordert das Glück für die Hoffnung des Gewinnes? Vieles lernen wir auf niedern und auf hohen Schulen: wie die Sterne am Himmel gehen, welche Thiere in fremden Welttheilen leben, wie die Städte beschaffen, die wir niemals sehen. Aber wie die Menschen beschaffen, die uns umgeben, und welche Wege sie wandeln, das lehrt man uns nicht. Wir lernen unter Früchten die guten wählen, die giftigen meiden; wir lernen Hausthiere benutzen und wilde Thiere zähmen; wir lernen dem übermüthigen Pferde schmeicheln, und das träge anspornen; schwimmen, und Brücken über reißende Ströme bauen. Aber wie wir gute Menschen gebrauchen, und böse beschwichtigen; wie wir dem Stolzen schmeicheln, und den Stillen antreiben; wie wir Brücken über Tyrannen bauen und durch ihre Leidenschaften schwimmen — das lernen wir nicht. Ihr sagt: das lehrt die Erfahrung dem Mann! Aber die Schule der Erfahrung wird auf dem Kirchhof gehalten, und der Tod fragt uns nicht, was wir im Leben gelernt; er hat andere Künste und andere Fragen. Doch soll man um den Menschen dienen? Darf man ihn behandeln? Soll man ihn gebrauchen? Darf man ihn täuschen? Soll man ihm schmeicheln? Du kannst noch viele solche Dinge fragen, und findest keine Antwort darauf. Und wärest du der klarste Geist, und das tugendhafteste Gemüth, du wüßtest nicht, was recht ist. Glücklich auch hier, daß du nicht frei bist; daß dir die Natur, gütig oder hart, Kräfte, Neigungen, Leidenschaften gegeben oder versagt, die dich auf diesen oder jenen Weg führen, und dir die Mühe der Wahl ersparen. Bist du aber der Glücklichern Einer, Herr deines Willens, und Meister zu thun, was du willst: so wähle. Es gibt zwei Wege, die zu den Menschen führen: du mußt sie lieben oder hassen, hochschätzen oder verachten, sie als göttliche Wesen oder als Sachen ansehen. Es gibt noch einen britten breiten Weg, auf den die verworrene Menge sich drängt und Staub macht; den meide.

Nicht wenn du liebenswürdig bist, wirst du geliebt;

wenn man dich liebt, wirst du liebenswürdig gefunden. Andern gefallen, ist leicht, schwer ist nur, daß uns Andere gefallen. Hier ist die Kunst mit Menschen umzugehen! Du sagst: „Ich verabscheue jenen Menschen, er ist schlecht." Nein, er ist krank. Gewährst du nicht dem Kranken deine größte Sorgfalt, und sind nicht die Krankheiten des Herzens die gefährlichsten? „Aber er ist frei, er kann sich bessern." Glaube an deine eigene Freiheit, wenn du den Muth hast, dein Thun zu verantworten; bürde aber keinem Schwachen diese Last auf. „Er ist ein Wütherich, ein Attila." Er ist ein Blitz. Bewunderst du nicht die Güte Gottes noch in der Sündfluth, und die Weisheit der Natur im niedrigsten Gewürm? „Er ist dumm." Er ist nur ein dummer Mensch, aber das klügste Schaf. Muß er Wolle tragen? „Er ist ungesellig." Gebrauche ihn zu etwas Anderm. Der Weinstock gibt dir seine Früchte, die Eiche ihren Schatten; hast du je Früchte von der Eiche, und Schatten vom Weinstock begehrt? „Er hat weder Geist, noch Herz, noch Tugend, noch irgend eine Gabe, er ist ein Pferd." So reite ihn; doch du irrst. Ein Riese ist nur zweimal so groß als ein Zwerg, und jeder Zwerg ist ein halber Riese. Ein gleiches Maß von Kraft hat die Natur den meisten Menschen gegeben. Hier bildet sie sich zum Geiste, dort zur Tugend, bei Einem zur Schönheit, beim Andern zur Gesundheit, beim Dritten zu dem Sinne aus, der das tief vergrabene Glück wittert. Ohne alle Gabe ist selten Einer. „Aber er ist einer dieser Seltenen; er hat weder Geist, noch Herz, noch Schönheit, noch Reichthum." So wird er wenigstens einen guten Magen haben, und es gibt Leute, die es gern hören, wenn man ihre Verdauung lobt. „Selbst diese ist schlecht." Dann wird er wenig essen und trinken; lobe seine Mäßigkeit, mache aus seiner Noth eine Tugend. „Aber ich will, ich darf ihm nicht schmeicheln; schmeicheln ist sündlich." So liebe ihn! Liebe ist eine Schmeichelei, die Allen gefällt,

Hohen wie Niedern, Kindern wie Erwachsenen, Guten wie
Bösen — und sie ist auch Gott gefällig.

Du hassest Könige, wenn sie rasen — rasest du nicht
auch, wenn du getrunken? „Aber sie sollen nicht trinken,
sie sollen Schmeichlern ihr Ohr nicht geben!" Aber sie
sind im Keller geboren, Wein war ihre Ammenmilch, und
man ist nur Herr, sich den ersten Becher zu versagen, nicht
den zweiten. Du Liberaler hassest den Ultra — was hat
er dir gethan? „Er unterdrückt die Freiheit des Volks,
er will Alles für sich allein, er will Vorrechte haben."
Er liegt in den Banden der Gewohnheit, und wenn sein
Recht auch nur ein Geschwür wäre, er stürbe daran, wenn
man es öffnete. Doch sein Besitz ist edler, tausendjährig,
und seine Vorfahren haben sich ihn durch ihre Tugenden
erworben. „Doch er selbst hat kein Verdienst!" Bist du
besser? Verschwelgst du nicht im Müßiggange den ererb-
ten Reichthum, den dein Vater mit saurer Mühe erworben? Bist du geneigt, mit den Bedürftigen deine Schätze
zu theilen? Macht ist wie Reichthum... Du Ultra verfolgst den Liberalen — warum verfolgst du ihn? „Er
will mir meine Rechte rauben!" Er will sie nur mit dir
theilen, er ist ein Mensch, wie du. „Aber ich war Jahrhunderte im alleinigen Besitz." Desto schlimmer für dich,
du bist ihm auch die Zinsen schuldig. „Aber er ist ein
Schwärmer, den man schrecken muß, und ich habe die
Macht in der Hand, ich kann ihn zernichten." Und wenn
du den Körper zerstörst, was gewinnst du? Der Geist
bleibt, der Geist hat keinen Hals; er fürchtet dich nicht,
er spottet deiner. Wenn du zehn, wenn du hundert, wenn
du tausend fanatische Menschen hinrichten lässest, hast du
darum den Fanatismus zerstört? Glaubst du das, dann
bist du ein Thor, ein Kind. Schwärmerei ist wie eine
Tontine, der Antheil der Verstorbenen fällt den Ueberle-
benden zu, und wenn du die Zahl der Todten vermehrst,
hast du nichts gethan, als den Reichthum des Glaubens

aus Vieler in Weniger Herzen gebracht, daß er mächtiger wirke. „Also — sprecht ihr und ihr — sollen wir die Hände in den Schoos legen und gelassen mit ansehen, wie uns unsere Feinde bedrohen, uns berauben, in unser Gebiet fallen?" Nein, das sollt ihr nicht. Vertheidige du und du, was du als Recht erkannt — nicht dein Recht, das deiner Brüder; aber nur auf dem Schlachtfelde dürft ihr euch verwunden. Bist du ein Krieger, fechte; bist du ein Redner, rede gegen deine Feinde. Doch außer der Schlacht, außer dem Buche schone deinen Feind. Entweihe nicht den heiligen Altar der Menschenliebe, der auch den Mörder schützt, und breche nicht die Tage des Gottesfriedens.

„Wohl! Ich will alle Menschen lieben, ich will Jedem zu gefallen suchen, dem Klugen wie dem Einfältigen, dem Hohen wie dem Niedern, dem Guten wie dem Bösen. Doch wie gefällt man der Gemeinheit?" Das mußt du einen Andern fragen. Hast du einen hohen Geist, bückst du dich vergebens; so dumm ist die Dummheit nie, daß sie nicht die krumme Linie zur geraden umzumessen wüßte. Du mußt klein sein, willst du kleinen Menschen gefallen. „Doch ich lebe unter Philistern, ich muß unter ihnen leben." Das mußt du nicht; erhänge dich! Doch ist dir dein Leben gar zu lieb, vertrage dich mit ihnen. Willst du wissen, wie unglücklich man ist, wenn man mit den Menschen zerfallen, denke an Rousseau. Sein Staub ist nicht mehr, du kennst sein Leben und seine Werke, und weißt, daß er edeln Herzens und hohen Geistes gewesen. Du weißt aber auch, hättest du zu seiner Zeit gelebt, du würdest ihn, wie es Alle gethan, für einen Bösewicht und für einen Narren gehalten haben. Rousseau war ein Sklave seiner Freiheitsliebe, und wer die Liebe zur Freiheit bis zum Wahnsinn steigert, daß er um aller geselligen Bande los zu sein, wie ein Vogel in der Luft zu fliegen wagt, den trifft des Ikarus Geschick. Darum suche die Menschen zu erwerben; aber noch einmal, du mußt wählen. Du gewinnst den Menschen nicht, wenn du ihn nicht hochschätzest oder verachtest; und gibt es eine Kunst, in der zu stümpern lächerlich oder verdammlich ist, so ist es die, mit Menschen umzugehen. Laß dich von meinem eigenen Beispiele warnen. Nur Einmal in meinem Leben — doch es war für einen Freund — suchte ich von einem Großen etwas zu erschmeicheln. Es ist schon lange her, und es geschah noch in jenen guten Tagen, von welchen der Minister auf dem Blocksberge in Goethe's Faust gesungen:

> Jetzt ist man von dem Rechten allzuweit,
> Ich lobe mir die guten Alten;
> Denn freilich, da wir Alles galten,
> Da war die rechte goldne Zeit.

Ich ging zur Audienz. Aus dem, was mich Knigge und Chesterfield gelehrt, wählte ich das Schönste und Beste, band es zierlich zusammen, und überreichte den Blumenstrauß. Aber ich war falsch; mein Rücken war krumm, meine Seele war gerad; ich hatte Zucker auf den Lippen und Salz im Herzen, und der Minister — warf mich zur Thüre hinaus.

V.
Ueber das Schmollen der Weiber.
(1823.)

Meine ehemalige Braut nannte ich, wie es bei allen cultivirten Völkern Sitte ist, einen Engel; meine jetzige Frau nenne ich, wenn ich böse auf sie bin, einen gefallenen Engel, ist das Ehewetter aber heiter, einen gestutzten. „Warum gestutzter?" fragte mich Wilhelmine, als ich mich zum erstenmale dieses Ausdrucks bediente. Ich ward verlegen, denn ich hatte mich noch nicht zu verstellen gelernt, ich wußte noch nicht, wie gut in der Ehe oft das Lügen sei, und wie ohne diesen Lichtschirm der Wahrheit rothe Augen noch häufiger wären. „Theure Wilhelmine! — sagte ich, indem ich ihr ein Stückchen Zucker, den sie sehr liebt, in den Purpurmund steckte — liebes Vögelchen, müßte ich nicht zittern für mein Glück, wenn deine Engelsflügel nicht etwas gestutzt wären? müßte ich nicht fürchten, du entflattertest" .... und flögest den Himmel hinauf, wo deine Heimath ist — wollte ich höchst poetischer Weise hinzusetzen. Aber meine gute Frau ließ mich nicht ausreden. „Du fürchtest also, ich könnte dir untreu werden?" fragte sie, wartete aber auf keine Antwort, sondern nahm ihr Gesicht zusammen, verschloß den Mund und schmollte. Vergebens war mein Flehen, mein Drohen, mein Reden, mein Schweigen sogar, sie schmollte fort. Ich ging mit starken Schritten das Zimmer auf und ab: in Engels Mimik ist keine Bewegung geschildert, die ich nicht mit der größten Naturtreue darstellte: Liebe, Haß, Zorn, Wuth, Verzweiflung; aber meine gute Wilhelmine sprach kein Wort. Bei dieser Gelegenheit lernte ich das berühmte Schmollen der Weiber kennen und seitdem verlernte ich es nicht mehr. Es war der dreißigste Tag nach meiner Hochzeit, da mein Glück in den Wendepunkt des Krebses trat. Anfänglich hatte meine theure Wilhelmine nur einen Schmollstuhl, dann nahm sie einen Schmollwinkel ein, später verschloß sie sich in ein Schmollkämmerchen, bis sie endlich es durch Uebung dahin gebracht, im ganzen Hause zu schmollen.

Ich habe mich in der theoretischen wie in der praktischen Philosophie etwas umgesehen, Metaphysik, Logik, Anthropologie, empirische Psychologie sind mir nicht ganz fremd; aber mit der Theorie des weiblichen Schmollens konnte ich bis jetzt noch nicht ins Reine kommen. Doch will ich die wenigen unstreitigen Grundsätze, die ich mir aus meinen Erfahrungen abgezogen, gern mittheilen; sie sind in der gegenwärtigen Lage von Europa vielleicht nicht ohne Nutzen. Staatspapier=Händler, oder Staats=Papierhändler (ich weiß nicht, welche Schreibart die richtigere ist) fragen sich und Andere jetzt oft: welchen Ausgang wird der Krieg gegen Spanien haben? O beneidenswerthe Unwissenheit! Nur wer nicht verheirathet ist, kann zweifeln, jeder Ehemann aber weiß es bestimmt, daß die Franzosen verlieren werden. Das Schmollen der Weiber ist nichts als ein Guerillaskrieg, den sie gegen die concentrirte Macht der Männer führen, ein Krieg, in dem sie immer siegen. Was nützt euch eure schwere Artillerie, wenn Mücke nach Mücke die Hände, welche die Lunten anlegen, stechen und verwirren? Was helfen euch dreimal hunderttausend gut bewaffnete Gründe? Die Weiber, als hätten sie mit dem Bösen ein Bündniß geschlossen, sind grünbefest, es bringt keiner durch. Ihre gefährlichste Waffe ist der Mund, sie mögen ihn zum Reden oder zum Schweigen gebrauchen. Reden sie, und ihr habt viel Verstand und Geduld, dann könnt ihr sie zuweilen zum Schweigen bringen; schweigen sie aber (welches in der häuslichen Kriegskunst schmollen heißt), ist alle Mühe vergebens, sie zum Reden zu bringen, ihr müßt euch zurückziehen, und schließt um jede Bedingung einen pyrenäischen Frieden.

Der zürnende Mann ragt wenigstens mit dem Kopfe über die Wolken seines Zornes hinaus, das eheliche Gewitter grollt nur unter seinen Füßen; die Frau aber steht mit dem Kopfe unter dem bonnernden Gewölke und kein Strahl des Friedens beleuchtet ihr finsteres Gesicht. Wenn ich mit meiner guten Wilhelmine zanke, weiß ich, daß ich in einer Viertelstunde wieder versöhnt sein werde. Mein schmollender Engel aber hat gar keine Vorstellung davon, daß sie mir je wieder gut werden könnte. Ein komisches Mißverständniß trägt gewöhnlich dazu bei, sie noch mehr aufzubringen. Ich pflege nämlich meine theure Gattin Wilhelmine zu nennen; aber so oft sie zankt, rufe ich sie Minchen. Dieses Wort macht sie nur unversöhnlicher, denn sie wähnt, ich bediene mich der liebkosenden Verkleinerung nur aus Spott, und die gute Seele wird aus dem Morgenblatt erfahren, daß ich sie, wenn sie schmollt, nur darum Minchen nenne, weil sie mir dann als ein kleiner Mina vorkömmt — so geschickt weiß sie den Guerillaskrieg zu führen.

Ich habe meiner lieben Frau schon oft vorgeschlagen, ich wollte mich auf ihr Schmollen monatlich abonniren, indem ich ihr immer dreißig Tage voraus Recht gäbe, und dabei meinte ich, würden wir uns besser stehen; aber sie wollte von einem solchen Vertrage nichts hören. So habe ich denn viele trübe Schmolltage in meinen Hauskalender einzutragen, und beim Schlusse des Jahres fällt die meteorologische Bilanz nicht immer zu meinem Vortheile aus. Was aber meinem Kalender ein noch seltsameres und trauriges Ansehen gibt, ist, daß ich zwar Tag und Stunde bezeichnen kann, wo meine Wilhelmine zu schmollen angefangen, aber weder Stunde noch Tag, wo sie zu schmollen aufgehört. Sie vergrollt so leise und allmählich, daß nicht zu bestimmen ist, wann der letzte Laut ihrer Unzufriedenheit verschallte, und plötzlich befinde ich mich mitten in meinem gewohnten Glücke, ohne zu wissen, wie ich hinein gekommen. Sie hat mir einmal anvertraut, daß es alle Weiber so machten, die, wenn sie ihr stillstehendes Herz wieder aufziehen, alle ganze, halbe und Viertel-Stunden, über welche der Zeiger rücke, schlagen ließen, bis der Zeiger auf der Stunde der Liebe stände. Sie müßten' das so machen, um die Uhr ihrer Seele nicht zu verderben.

Wenn mich meine gute Wilhelmine aus dem Paradiese, das sie mir selbst geschaffen, auf Stunden und Tage hinaus schmollt, so ist das nur meine eigne Schuld. Ich habe unbesonnen meiner häuslichen Verfassung die Fehler der spanischen gegeben. Meine Frau und ich bilden nur eine Kammer, und so muß denn geschehen, was in solchen Fällen immer geschieht: das demokratische Princip gewinnt die Herrschaft über das aristokratische. Das weibliche Herz ist ein athenienstscher Markt — unter einem herrlichen blauen Himmel, liebliche Blumensträuße, duftende Südfrüchte, holde Anmuth, Geist, Witz, Empfindung; aber auch Tücke, Launen, Wankelmüthigkeit und Undankbarkeit. Wo aber die häusliche Gesetzgebung weise in **zwei Kammern** getrennt ist, wo der Mann das Oberhaus und die Frau das Unterhaus bildet, da werden, wie ein bairischer Pair unvergleichlich schön gesungen hat, die Wogen der Demokratie sich an den Felsen der Aristokratie brechen, auf welchen Felsen der Thron gebaut ist und der Frieden!

VI.
Die englische Schauspieler-Gesellschaft.
(1823.)

Der Einfall eines englischen Schauspieler-Trupps in das Gebiet der französischen Eitelkeit war seit vierzehn Tagen angekündigt. „Nous verrons," sagte der Miroir. Das war kurz und deutlich; denn dieses Blatt, eines der schlauen Kammermädchen der öffentlichen Meinung, weiß von allen Geheimnissen ihrer Gebieterin. Zwar machte es später ein gar frommes Taubengesicht und sagte: Freilich müsse jeder brave Franzose die Engländer hassen, aber Künstler hätten kein Vaterland, und eine Vergleichung zwischen den französischen und englischen Schauspielern müsse ja Allen erwünscht sein, da nicht zu zweifeln wäre, wie sie ausfallen würde; man möge also so gut sein und sich ruhig verhalten. Aber dieser dünne Schleier der Heuchelei ließ Wunsch und Erwartung durchleuchten, man werde die englischen Schauspieler mit Händen und Füßen zurückweisen und ihnen die Schlacht von Waterloo mit dicker Kreide anschreiben. — Und es geschah.

Die englischen Schauspieler hatten mit dem Théatre de la Porte St. Martin einen Vertrag auf sechs Vorstellungen abgeschlossen. Die erste Aufführung wurde am 31. Juli mit folgenden Worten angekündigt: „By his Britannic Majesty's most humble servants will be performed the tragedy of Othello in 5 acts by the most celebrated Shakespeare." Diese marktschreierischen Superlative thaten der Meinung von den guten Fähigkeiten der Schauspieler gerade keinen Abbruch; denn nicht die Eifersucht des Othello, die der Franzosen zu sehen war Jedermann gespannt. Das Gedränge vor dem Hause war unbeschreiblich, und das Heer von Gensdarmen zu Pferd und zu Fuß, das groß genug gewesen wäre, die Hinrichtung eines Cartouche zu decken, vermochte diesmal nicht die polizeiübliche Ordnung zu erhalten. Da fand ich Gelegenheit, die gute Laune und Liebenswürdigkeit der Franzosen zu beobachten. Jeder strengte sich mit Händen und Worten an, sich Luft zu machen durch das Gewühl, um an die Thüre zu kommen, aber die Rippenstöße wurden mit Tänzergrazie empfangen und ausgetheilt, und die gesprochenen Grobheiten waren wie in Musik gesetzt. Üblich ward auch ich in das Haus geflutet und im Orchester hart neben dem Souffleur-Kasten ausgeworfen. Die Vorsehung hatte mir diesen Platz angewiesen, denn ich war von ihr bestimmt, am heutigen Tage eine der ersten Rollen zu spielen.

Das Haus war kaum angefüllt, als sogleich das Schauspiel begann; nicht das Schauspiel, welches die Schauspieler, (der Vorhang war noch nicht aufgezogen) sondern das, welches die Zuschauer gaben. Man übte sich im Schreien, im Pfeifen, im Quieken, im Pochen, im Singen und in allen übrigen akustischen Waffen, mit welchen man die Engländer zurückzuschlagen gedachte. Ein frommes deutsches Ohr, wie das meinige, von der zartesten Kindheit an gewohnt, vor dem Gebote jedes Polizeidieners erschrocken zurückzufahren, war ganz erstaunt zu hören, daß man sich in Gegenwart der Gensdarmen so viel herauszunehmen wagte. Diese aber bewegten sich nicht und ließen gewähren. Als der Lärm recht unbändig wurde, hörte man aus einer Loge des ersten Ranges mit lauter Stimme „la Canaille" rufen. Da ward das wüthende Geschrei noch allgemeiner und stärker. „A la porte, à la porte, Martainville!" riefen mehr als tausend Stimmen. Dieser Söldling der Aristokratie, der bekannte Herausgeber des Drapeau blanc war es, welcher jenes lecke Wort zu rufen wagte. Martainville wollte groß und stolz, wie ein alter Römer, das Pöbelgeschrei verachten; er zog die Achseln und blieb. Aber er war kein Römer, und Die, welche schrieen, gehörten nicht zum Pöbel. Das ganze Parterre, alle Logen vereinigten sich, diese Gelegenheit einer verdienten Abzüchtigung nicht vorübergehen zu lassen, und man bestand auf der Entfernung des verachteten und gehaßten Mannes. Ein Handschuh wurde ihm in's Gesicht geworfen; er mußte weichen. Jauchzen und Beifallsklatschen im ganzen Hause. Jetzt erhob sich der Vorhang, Jago trat auf. Kaum den Mund geöffnet, und allgemeines Nachspotten der breiten und zähen englischen Worte und unaufhörliches Gelächter. In der Hölle, während dem Carneval, kann der Lärm nicht größer sein. Auch ohne Bosheit lief es nicht ab, und Eier, Obst, Sousstücke flogen auf die Bühne und an die Köpfe der Schauspieler. Diese aber zeigten eine unerschütterliche Festigkeit und spielten fort, als herrschte die aufmerksamste Stille. Man hörte nicht ein einziges Wort, Othello wurde als Pantomime gespielt. Ich bemerkte nur sehr wenige Zuschauer, welche die Partei der Engländer nahmen. Denn wer auch an der Störung keinen thätigen Antheil nahm, erfreute sich doch dieses bürgerlichen Schauspiels, das hier mit so vieler Natur aufgeführt wurde. Ein junger sauberer Mensch, der neben mir saß, war einer der Wenigen, die an dem Unfuge ihren Aerger hatten. Er hatte den englischen Othello mitgebracht, wahrscheinlich um sich in der richtigen Aussprache zu üben, denn er folgte den Schauspielern im Buche nach. Er konnte aber über dem Geschrei Nichts hören. So oft nun die Insurgenten irgend ein losgelassenes Stichelwort gegen die Engländer mit Jauchzen aufnahmen, kam mein junger Mensch außer sich und sprach ironisch: Ah, que cela est joli, ah, que cela est spirituel! „Was werden die Fremden, was die Deutschen von der französischen Urbanität denken!" rief er aus. Ich, ganz entzückt, unvermuthet einem, wenn auch nur sporadischen Respect vor meinen Landsleuten zu begegnen, zeigte mich dankbar, indem ich sein Klagelied mit sang. C'est une horreur, c'est abominable, c'est affreux — sagte ich, und noch mehrere andere zornige Adjective, die mir im Gedächtniß waren.

So drängte sich Othello bis zur Mitte des dritten Aktes mit Mühe und Gefahren durch. Da entstand ein Wortwechsel zwischen zwei Zuschauern. Ein Handgemenge droht auszubrechen, panischer Schrecken ergreift Alles, das halbe Parterre wälzte sich zum Orchester hin, sprang über die Schranke, zerbrach Geigen und Bässe, und schickte sich an, die Bühne zu erklettern. Ich, um diesem bösen Beispiele nicht zu folgen, ging ihm voran, und war der erste, der auf die Bühne sprang, die andern hinten drein. Jetzt ließ man den Vorhang fallen. Gensdarmen füllten die Scene, um das fernere Voraufstürmen der Zuschauer zu verhüten. Auf der Insel Cypern war ein tolles und lustiges Leben. Soldaten, Polizeiagenten, schäkernde Schauspielerinnen, halbohnmächtige Weiber; Othello, dem im Gedränge die Hälfte des Gesichts abgeschwärzt worden, zeigte eine rothe und eine afrikanische Wange; die sanfte Desdemona schimpfte, auf ihrem Todesbette lag eine geflüchtete Baßgeige hingestreckt; Jago trug einen Frack über seine Ritterkleidung und schien mir die beste Seele von

der Welt zu sein. Aber das Stück wurde dennoch zu
Ende gespielt; nur daß die Hälfte des dritten Akts und
der ganze vierte Akt ausgelassen wurden. Man begnügte
sich, Desdemona ohne weitere Umstände erwürgen zu lassen. Das Publikum war nicht minder beharrlich als die
Schauspieler, es schrie, pfiff und lärmte bis an's Ende.
Von sehr komischer Wirkung war es, daß in einem kleinen Lustspiele mit Gesang, welches auf Othello folgte,
Gallerie und Parterre an allen Gesängen theilnahmen
und die Stimmen der unerschrockenen Engländerinnen
nachäfften.

Am folgenden Tage ließen die öffentlichen Blätter ihre
Kriegstrompeten erschallen. Die Liberalen entschuldigten
zwar den getriebenen Unfug nicht, empfahlen aber die
Verirrungen der Jugend menschenfreundlicher Nachsicht.
Mit Unrecht. Der Jugend ist wohl Verblendung zu ver-
zeihen, weil sie von zu starkem Licht kommt, aber nicht
Blindheit, die in Augenfehlern ihren Grund hat. „Des
jeunes gens, nourris de l'horreur de tout ce qui n'est
pas national," wären etwas zu weit gegangen — sagten
die Liberalen. Man muß bedauern, daß die Pariser Jugend einen so schlechten Tisch führt, jene Horreur ist eine
Speise, die der Almanac des Gourmands gewiß nicht empfehlen würde. Aber am meisten erstaunen muß man
über die grauen, erfahrenen französischen Freiheitsmänner,
die doch sonst so argwöhnisch auf alle Schritte der Macht
und so scharfsichtig sind, ihre Listen zu entdecken — daß
sie sich hierin so zum Besten haben lassen, nicht einsehen,
daß jene Horreur de tout ce qui n'est pas national,
eine der anerzogenen Schwächen ist, genährt, die Völker
feindlich auseinander zu halten, um sie getrennt so leichter zu beherrschen, und daß sie vergessen, daß zu allen
Zeiten die Herrschsucht die Leidenschaften der Freiheit be-
nutzte, um ihre eignen zu befriedigen. Die aristokratischen
Blätter auf der andern Seite hielten es mit dem Neger

von Venedig und nannten die jungen Menschen, die sich herausgenommen ihn auszupfeifen, Jacobins, régicides, Séides d'une faction habituée à essayer tous les moyens de troubler l'état. Daß übrigens beide Parteien in ihrer literarischen Kritik des Othello übereinstimmend behaupteten: freilich könne man Shakspeare nicht mit Corneille vergleichen, aber der englische Dichter sei doch nicht ohne Gutes — das versteht sich von selbst: wenigstens das Erstere.

Zwei Tage später wollten die Engländer noch einmal auftreten, in einem Lustspiele von Sheridan, welches in Deutschland unter dem Namen die Lästerschule bekannt ist. Man hatte die Preise der Plätze erhöht und glaubte damit etwas sehr Kluges gethan zu haben. Aber das Haus war nicht weniger angefüllt als das vorige Mal, und von der nämlichen Menschenklasse. Ich war dieses Mal so vorsichtig, das gefährliche Parterre zu meiden, nahm in einer Loge der zweiten Gallerie Platz und besah das Schlachtfeld aus der Vogel-Perspektive. Noch heftigeres Toben als das vorige Mal. Martainville gab wieder Stoff zu einem Zwischenspiele. Er ließ sich sehen, und à la porte Martainville, à la porte le vil Martain, donnerte das ganze Haus. Er wollte trotzen und blieb. Aber da schickte man sich an, seine Loge zu erklettern, die vom Parterre aus erreichbar war. Er mußte die Flucht ergreifen. Jetzt erhob sich der Vorhang; aber sei es, daß die Engländer muthlos geworden, oder daß der Sturm zu mächtig war, um ihm zu widerstehen — nicht die erste Scene konnte ausgespielt werden, und der Vorhang mußte wieder fallen. Jetzt rief es: le Directeur! Man meinte nämlich den französischen Schauspielbirector, der so unfranzösisch gewesen, Engländer auf seiner Bühne erscheinen zu lassen. Der Gerufene kam. Nüsse, Talglichter, Handschuhe flogen ihm in's Gesicht. Da rief eine der leitenden Stimmen: Silence, assis, attendez sa soumission, qu'il fasse ses excuses! Der zitternde Melodramen-Direktor sprach Einiges, das ich nicht verstand, dann rief er: Meine Herren, antworten Sie mir kurz, wollen Sie, daß die Engländer fortspielen oder nicht? Und ein donnerndes „non" erschallte, mit einer Einstimmigkeit, mit einer Gleichzeitigkeit, daß es sich die besteingeübten Chöre in der Braut von Messina hätten zum Muster nehmen können. A bas les Anglais, point d'Etrangers en France, schrie es von allen Seiten. Der Direktor versprach ein französisches Stück und trat ab. Der Zorn legte sich und ein Lustlärm begann. Das Parterre stimmte ein Lied an, worin es heißt: La Victoire est à nous. Jetzt traten die französischen Schauspieler auf. Jeder wurde mit Jubelgeschrei empfangen, jedes Wort wurde beklatscht. Bravo, ce sont des Français, ce ne sont pas des beefsteaks, rief Einer von der Gallerie herab. Bis, bis, schrie das Parterre und der Witz mußte wiederholt werden. Das Stück ward zu Ende gespielt, und die Ruhe war vollkommen wieder hergestellt. Man wartete auf das zweite Stück, denn drei bis vier werden jeden Abend aufgeführt. Man wartete eine halbe, eine ganze Stunde vergebens, der Vorhang blieb niedergelassen, der geforderte Direkteur erschien nicht. Da brach das Ungewitter von Neuem los. Die Polizei mußte den nahenden Sturm vorhergesehen haben, denn man hörte Waffengeräusch hinter dem Vorhange, man sah die Instrumente aus dem Orchester wegtragen. Jetzt ward vom Parterre aus ein Hut auf die Scene geworfen, wahrscheinlich als Zeichen des Angriffs. Darauf erhob sich das ganze Parterre, stürzte in's Orchester, ergriff die dort befindlichen Stühle und warf sie dem Hute nach. Jetzt erhob sich der Vorhang, das Schauspiel begann, und mit solcher natürlichen Natur wurde noch nie gespielt. Eine Compagnie Gensdarmen stand in Schlachtordnung auf der Bühne, vor ihnen ihre Offiziere mit gezogenen Schwertern.

Einige Minuten stand diese Streitmacht unbeweglich

stille und versuchte ihre Medusenkraft. Aber dieser Anblick machte die Wuth der Zuschauer nur flüssiger. Die Stühle flogen den Gensdarmen an die Köpfe, und als die Stühle erschöpft waren, riß man die Bänke los und schleuderte sie hinüber. Staubwolken und Angstgeschrei der Weiber erfüllten das Haus. Jetzt kommandirten die Offiziere zum Angriffe. Die Gensdarmen mit gefälltem Bajonette drangen vor, Bänke und Stühle wurden von der Gallerie auf sie herabgeworfen, viele stürzten und wurden verwundet. Allgemeine Flucht. Nach dem Parterre wurden die Logen ausgeleert. Ich war der Letzte, der blieb, um das Schauspiel bis an's Ende zu sehen. Da stürzten drei Riesen auf mich los und stießen mich mit ihren Flintenkolben hinaus. So unschuldig ich auch war, murrte ich dennoch nicht über diese Behandlung; ich nahm das reuig hin für meine Gedankensünden und verehrte in meinem Herzen die alles erforschende Nemesis.

VII.

Ueber Freimaurerei.

(1811.)

So oft unserer göttlichen Kunst ein neuer Tempel erbaut wird, kann man sich einer Betrachtung nicht erwehren, die das Herz betrübt und den Geist gefangen nimmt. Warum muß die Wahrheit hinter Mauern flüchten, wo des Lebens frische Lüfte sie nicht berühren, wo der Sonne Strahl sie nicht beleuchtet, wo sie beim Dämmerschein der Kerzen hinschmachtet und ihre Farbe der Gesundheit verbleicht? Wie lange noch wird die Göttin, der Beschwörung des Eingeweihten allein folgend, dem Rufe des Profanen ungehorsam bleiben? Wie lange noch soll das himmlische Licht, in die engen Schranken eines Dreiecks gebannt, der Menge unzugänglich sein, die dürstend nach der Quelle eilt? Ist dieses Weltall nicht geschmückt genug, daß es uns zum Tempel dienen könne? Sind die Säulen des Rechts und der Liebe nicht stark genug, um das ewige Firmament der Wahrheit zu tragen, und lehrt die blühende Natur nicht jede Wissenschaft schöner und lebendiger, als stumme Zeichen, auf todte Leinwand gemalt? — Solche Zweifel hegend, kam ich zu einem frommen Priester der Maurerei und bat um Belehrung. — Was er mich lehrte, will ich treu verkündigen.

Nachdem das heilige Wort entsendet, das der Welt ihr Dasein gab, ward das Chaos geboren. Dunkel war sein Leben, doch liebevoll; öde, doch ohne Sehnsucht; einförmig, doch nicht allein, denn ihm stand nichts gegenüber. — Verschwistert waren alle Kräfte und der Schöpfung einziger Sohn schlummerte in Träumen der Kindheit und der Unschuld. Nun ward das Licht, und der Friede — starb. Die Elemente begannen ihren fürchterlichen Kampf und aus dem Schooße der allumfassenden Mutter stiegen Geschöpfe, feindlich gesinnt im Sein und im Werden. Das Licht, das Alles bindet und Alles löst, zeugte zwei Söhne: das Leben und den Tod, den Tag und die Nacht. Die Morgenröthe spottete die Nacht des Trugs und des Wahns hinweg, und am Abend schwang der Himmel sein blutiges Panier, und die verscheuchte Finsterniß kehrte siegreich zurück. — Dasein kämpfte gegen Dasein, Liebe gegen Haß, Treue gegen Verrätherei, und der Tod gegen Alles. Die Natur hatte ihre ganze Kraft verschenkt, es gab kein herrenloses Gut mehr. Was das Eine erwarb, mußte das Andere verlieren; jeder Athemzug war ein Diebstahl, jeder Pulsschlag war ein Mord. So sproßte die Pflanze der Zwietracht, mit ihren Zweigen den Himmel berührend, und ihre Blüthe war — der Mensch.

Wie das Herrliche der Schöpfung in dem Menschen sich offenbaret, so auch das Verworfenste; denn die höchsten Bäume sind's, die am tiefsten wurzeln. Wenn die sinnlosen Geschöpfe der Natur in ihren Kämpfen sich bewußtlos anfeindeten; wenn ihren Schmerz weder Erwartung noch Erinnerung begleitete, so war beim Menschen nicht die **That** allein, auch der **Wille** war blutig; Reue folgte der Sünde nach und vor dem Uebel ging die Furcht drohend einher. Die Herrschaft ward geboren und mit ihr die Sklaverei. Das Recht mußte der Stärke weichen, das Glück ward der Habsucht geopfert und die Unschuld der Bosheit preisgegeben. Jeder Baum der Freude trug die vergiftete Frucht des Neides und unschuldsvolle Geschlechter mußten den Jammer ernten, den Andere gesäet. Der Wahnsinn hatte den Menschen ergriffen; er vergaß, daß nur ein Herz im Busen der Menschheit sich bewege; mit selbstmörderischem Beginnen zerriß er seine eigenen Glieder, — der Mensch erschlug seinen Bruder.

So ward Jahrtausende der Kampf fortgeführt; der Besiegte verlor, doch der Sieger hatte Nichts gewonnen und nur Leichen behaupteten das Schlachtfeld. Das Gut, um welches man stritt, ward Keinem zu Theil, der karge Becher der Freude ward im Taumel umgeschüttet und früher, als man es selbst verlangte, gab man der schadefrohen Erbe ihre Beute hin. — Was war die Quelle dieser ewigen Feindschaft, und was war ihr Ziel? Es war nicht der **Preis** des Sieges, um den man kämpfte, man kämpfte um die **Lust** des Kampfes, denn oft kehrten die Völker gesättigt vom Streite zurück, gestillt war jede Sehnsucht und jeder Wunsch befriedigt. Todesstille herrschte über Leichenfelder, und die Morgenröthe des Friedens ging glänzend auf. Darob erschraken die Bösen und hielten ihren sündlichen Rath. — „Soll unser Reich zu Grunde gehen? Ist nichts vorhanden, das die erloschene Kampfbegierde wieder anfacht, und hat der Himmel keine Blitze, um die Welt des Friedens zu entzünden?" Sie suchten solche Blitze und fanden sie auch. Das Heiligste, was die Erde und der Himmel trägt, das schönste Gut, das der Mensch

besaß, stahlen sie frech, warfen es hin auf den Kampfplatz, und die Flamme des Kriegs loderte von Neuem auf. —
— —Was war jenes Heilige, das dem Blödsinn zur Folie dienen mußte? Wie hieß das Göttliche, das der Mensch zum Wetzstein seiner Bosheit herabwürdigte? Wie es hieß? Keiner frage mich darnach. Ich weiß es wohl, doch darf ich es nicht sagen. Ich mag in diesem Hause des Friedens und der Freude das Wort nicht aussprechen, das wie ein böser Zauber den Vorhang vor einer blutigen Vergangenheit hinwegzieht; ich mag das Wort nicht nennen, das in wenigen Sylben das Schrecklichste bezeichnet: den Mord, den Mörder und den Gemordeten zugleich. —

Solches sahen die Guten und die Besten jeder Zeit, wie die Menschheit in ihren eigenen Eingeweiden wühle; sie sahen es und trauerten. Sie trauerten, doch sie verzweifelten nicht. Denn das Kraut des Heils sproßte in ihrem Herzen, und die Hoffnung des Genesens machte sie gesunden. Sie beschlossen, die vertriebene Vernunft wieder in ihre Rechte einzusetzen. Sie sprachen zu dem Volke der Finsterniß, und Worte des Friedens und der Versöhnung strömten von ihren Lippen: „O, Könige der Natur, habt ihr das Leben auf eine Ewigkeit gepachtet, daß ihr Jahrhunderte, dem Hasse vergeudet, nicht für verloren haltet? Werdet ihr euern Kindern einen Balsam hinterlassen, um die Wunden zu heilen, die ihre Väter schlugen? Habt ihr ein Zauberwort, das die Geschlechter wieder hervorrufe, die ihr getödtet; das die Ruhe wieder herstellt, die ihr getrübt; das die Narben ausglättet, die die Schande eurer Ahnen der Nachwelt überbringen? O! kehrt zum Frieden zurück und liebt euch!"

So redeten die Guten in ihrer Frömmigkeit. Doch von der ehernen Brust der Bösen hallten ihre Worte nachspottend zurück. Gehört hatte man sie, aber nicht verstanden, und Verfolgung war ihr Lohn. Doch keine Saat geht durchaus verloren, und nicht ganz fruchtlos war ihr

Bemühen. Alle die, welche Gott im Herzen und die Wahrheit im Geiste trugen, traten hervor und folgten dem Ruf. Sie reichten sich die Hände und der Bund des Lichts war geschlossen. Keine Zeugen hatten ihn beurkundet, kein Unterpfand hatte ihn versichert; das heilige Wort ging von Mund zu Mund und um den Altar des Rechts zog sich der geheimnißvolle Kreis und wehrte den Zutritt. — Wie heißt das Bündniß, das die Edlen aneinander kettet, das den Geist dem Herzen vermählt, und dem guten Willen die That zusichert? — Es heißt hier in diesem heiligen Tempel, dem Herkommen gemäß, Maurerei. Anders nennt man es im Leben; doch nennt es wie Ihr wollt, es spricht sich stets als das Würdigste aus.

Ja, meine Brüder, die Maurerei ist die heilige Quelle, wo die verblühte Schönheit ihre Huldigung, wo die getrübte Weisheit ihre Helle, wo die geschwächte Kraft ihre Fülle wiederfand. Sie ist das Asyl der geängstigten Treue, die Versöhnerin der beleidigten Unschuld, die Vergelterin der unbezahlten Liebe. Die verworrenen Rechte des Lebens soll sie ordnen, das bestochene Urtheil der Leidenschaft soll sie strafen, die Handlungen des Herzens soll sie richten. Was die plumpe Hand des Blödsinnes wild untereinander gemengt, das soll sie sondern und mit ihrem Geiste beleben; was die Feuerkraft der Begierde zu heiß umarmt, das soll sie mit ihrer Milde erquicken; und was die unkundige Menge zu streng verdammt, das soll sie mit ihrem Schilde schützen. — Sie stürzt die Scheidewand ein, die das Vorurtheil zwischen Menschen und Menschen aufgerichtet; sie zieht das goldene Kleid hinweg, das einen seelenlosen Leib bedeckt; sie stellt Herz gegen Herz, Geist gegen Geist, Kraft gegen Kraft, und gibt dem Würdigsten den Preis. Sie lehrt den Baum nach seinen Früchten schätzen, nicht nach dem Boden, der ihn trägt, nicht nach der Hand, die ihn gepflanzt. Sie sichert das Glück vor den Pfeilen des tückischen Zufalls, sie ergreift das Ruder bei den Stürmen des Lebens, und führt das lecke Schiff in den sichern Hafen ein. —

So, meine Brüder, sollte die Maurerei handeln, so sollte sie sein. Doch so war sie selten, so ist sie nicht. Nicht der Göttin, dem **Priester** opfert man. Man ward es müde, das **Kunstwerk** anzubeten, man wollte den **Künstler** verehren. Nun trat man keck hin vor die Göttliche und sprach: Sag' uns doch, wo kommst du her? Wohin gehst du? Wer hat dich gemacht, und für wen bist du verfertigt? Doch der Himmel verschmäht es, der Erde Rechenschaft zu geben, und keine Antwort erfolgte. Jetzt warf der Maurer das Senkblei seiner Wißbegierde aus, — grundlos war das Meer. Das wilde Herz pochte an die Schranke der Erkenntniß und forderte den Ausgang; doch die Schranken blieben stehen, und die Pforte öffnete sich nicht. Zu den Sternen schaut er hinauf, wo die Wahrheit quillt — das Leuchten sah er wohl, doch nicht das Licht. Jetzt wendet er rückwärts seinen Blick; die Vergangenheit soll ihm die Gegenwart lösen; doch die ernste Sphinx im Osten schaut ihn verschlossen an, und hinter dem Schleier der Isis lauscht der Tod. Nun irrt der betrogene Maurer in der Weite umher und kann die Heimath nicht mehr finden. Da ließ eine Stimme sich hören aus dem Innersten seines Herzens. Sie sprach zu ihm: Bethörter Mensch, du hast dein eignes Haus verlassen und suchst Ruhe in der Fremde. Du bist der Wahrheit treulos geworden und suchst Heil bei der Lüge, du bist der Quelle entflohen und suchst Erquickung in der Wüste. — Kehre schnell zurück! Mensch erkenne dich selbst! — Der Maurer hörte wohl die Stimme seines Herzens, doch er gehorchte ihr nicht. Der Puls seiner Neugierde war fieberhaft gespannt; er wollte der Maurerei Herz und Nieren prüfen. Da ergriff er im Wahnsinn das kritische Messer; er öffnete, er zerlegte sie; er ging ihren Adern nach, er sonderte ihre Nerven. Nun ja, jetzt lagen ihre innern Theile klar und zergliedert vor seinen Blicken; doch eine Leiche war sie geworden, der Geist entfloh. Er hatte die Quelle der Maurerei entdeckt, doch nur vertrocknet fand er sie; er war ihrem Bette nachgegangen, doch versiegt war der Strom. — Anfänglich war man freilich etwas betrübt über ihren Tod; doch bald tröstete man sich, man setzte sich hin und schrieb — Maurerische Systeme. — Systeme! — Ja der Mörder glaubte seine That gebüßt zu haben, wenn er seinem Schlachtopfer eine Leichenpredigt hielt. Man spannte das Gemälde des gotterfüllten Künstlers in einen langweiligen Rahmen ein, und einer bemalten, vielfarbigen Natur gleich blickt uns das göttliche Bild der Wahrheit lächerlich an und läßt weder die Anbetung in unserm Herzen, noch die Bewunderung in unserm Geiste aufkommen.

Man hat innerhalb des Tempels der Maurerei Vorhänge aufgehängt, und wieder einen, und noch einen. Meine Brüder, kann denn das Heilige noch heiliger sein? Hat die Wahrheit ihre Stufen, hat die Seligkeit ihre Grade, und kann die Sonne heller leuchten als helle? — Man will die Unwürdigen abhalten — o unnöthiges Bemühen! Die Sehkraft erfaßt die Dinge, das Licht bietet sie nur an; Dessen Auge trüb ist, wird auch nur trübes schauen; seid unbesorgt, Jedem wird nur so viel Licht zu Theil, als ihm gebührt. Stürzt die Mauern ein, der Schwache wird doch Nichts erbeuten. Oeffnet die Pforte: die Sehnsucht bleibt doch stets das Maß der Befriedigung. —

Meine Brüder, wenn Lüge gegen Wahrheit, wenn Tugend gegen Laster streitet, dann bleibt das Herz des Zuschauers nicht ganz ohne Trost; denn wo Ungleiches mit Ungleichem kämpft, da muß eines unterliegen. Man weiß, wohin man seine Neigung zu wenden, und wenn auch das Verderben den Gerechten trifft, so endet doch der Schmerz mit der That, die ihn hervorgebracht. Wenn aber Wahrheit mit Wahrheit, wenn Tugend mit Tugend sich feindlich begegnen, woher soll man alsdann Beruhigung nehmen?

Wem soll man den Sieg, wem den Untergang wünschen? Ist nicht die Freude des Einen die Trauer des Andern? — So ist es in der Maurerwelt. Systeme kämpfen gegen Systeme; Logen gegen Logen; Brüder gegen Brüder. Ja, wunderbar ist es zu sehen: Alle wollen sie die Wahrheit suchen, doch Jeder will allein sie finden. Alle wollen die gefundene Wahrheit mit Allen theilen, doch Jeder will allein sie suchen. Das Licht ist in seine Bestandtheile zerfallen und Farbe kämpfet gegen Farbe. Die Weisheit hat sich mit der Standhaftigkeit verbunden und hält standhaft die Einigkeit von sich entfernt. Die Morgenröthe, die das Licht verkündigt, wird vom hohen Mittag verspottet, — verachtet; denn das stolze Sonnenbild hat seine Wiege vergessen, und schämt sich seiner Mutter.

Meine Brüder, wann wird der Tag erscheinen, den alle Maurer mit einem Herzen begrüßen? Wann geht der Mittag auf, der uns zur gemeinschaftlichen Arbeit führt, und wann bricht die Nacht heran, wo alle Brüder Arm in Arm entschlummern? — Er wird kommen der Tag des Lichts! Mögen immerhin Pygmäengesinnungen in einen Kampf sich einlassen mit dem Riesengeist der Wahrheit; wir lächeln und sind des Sieges gewiß, doch, — auch die Wunde des Siegers schmerzt. Darum, meine Brüder, laßt uns mit lindernder Hand Balsam träufeln in die Wunde der siegenden Wahrheit, damit, wenn man das neunzehnte Jahrhundert noch einmal erröthen sieht, man sagen möge: „Die Farbe der Freude ist's, die es verklärt, nicht die Farbe der Schaam!"

VIII.
Bauholz zu einem Roman.
(1820.)

Der Glückliche hatte sich in seinem Sinne ein schönes geräumiges Wohnhaus eingerichtet und es mit Behagen ausgeschmückt. Gedachte er Enkel darin zu wiegen, und hat ihm der Tod den geliebten Sohn entrissen? Oder wollte er das Weib seiner Seele hineinführen, und warb es ihm treulos vor den Stufen des Altars? Oder sollte es ihm selbst bequem werden, daß er sich seines Besitzes erfreue, und schlug ihn dann Armuth nieder? Wie es auch sei — die Axt des Zimmermanns ruhte. Mannigfaltig ist das Hoffen, getäuschte Hoffnungen sind sich alle gleich. Das Bauholz lodert düster im Kamine, und nicht Alles hat der Unglückliche verloren, wenn eine zweite nackte Brust, wenn ein zitterndes Herz sich findet, das in rauhen Tagen die Wärme mit ihm theilt.

Sende mir die wildesten Stürme des Himmels, sende mir alle Qualen der Hölle, ich dulde sie aus, nur laß mich nicht einsam sein. Stelle den Mordbegierigsten gegen die unbewehrte Brust; er sieht doch das Herz, indem er es zerfleischt. Ungekannt leben — athmen im Grabe, das ist dein Bild. Wie viele Unglückliche werden wie Schiffbrüchige in diese Welt geworfen, und finden rings umher eine menschenleere Wüste. Vergebens stecken sie am Strande ihre Zeichen auf, den Nothruf, mit ihrem Blute geschrieben — kein Schiff geht vorüber. Monde, Jahre verfließen. Spät entdeckt das ausgetrocknete, starre Auge ein Segel am Rande des Himmels. Aber es ist zu fern. Sie hören sein Geschrei, sie sehen seine Zeichen nicht, und streichen vorüber. Nur der Tod erlöst den Einsamen. Nach vielen Jahren wirft der Sturm einen Andern auf die unbewohnte Insel; dieser findet die Leiche seines Vorgängers, und liest die Erzählung seiner Leiden, um zu verzweifeln wie er.

Wozu nur die Sprache nütze! Sie versagt uns ihren Dienst, wenn wir sie am nöthigsten gebrauchen. Forderte ich Brod, wenn mich hungerte, Wasser, wenn ich durstete, wohl auch eine Salbe, wenn mich der Finger schmerzte; das reichte man mir. Aber wenn mein Herz in Seligkeit überquoll, und ich ein empfängliches Herz aufsuchte, meinen Ueberfluß zu fassen, wenn der Schmerz mein Innerstes zerriß, und ich ein Ohr suchte zum Widerklange meiner Leiden, da verstand mich Keiner, und sie gingen ungerührter an mir vorüber, als an einem Baume, durch dessen Zweige die Winde seufzen.

Einsam steht der Mensch auf den Bergeshöhen des Geistes, einsamer sitzt er in den Tiefen des Herzens. Fandest du dich nicht auch manchmal einem rohen Zechgesellen gegenüber, und spieltest mit ihm das lächerlichst=traurigste Possenspiel? Ihr tranket euch zu aus dem Becher der niedrigsten Lust; ihr spottetet des Heiligsten; ihr tratet das Unschuldigste mit Füßen; ihr suchtet in den gemeinsten spießbürgerlichsten Redensarten Einer den Andern zu besiegen, und taumeltet spät in der Nacht lärmend durch die Gassen und wecktet die Schläfer. Und doch hattet ihr euch Beide getäuscht! Euch schlug ein weiches, edles Herz in der Brust, euch erhellte ein aufflammender Geist, und ihr kanntet, ihr trautet euch nur nicht, und Jeder vermummte seine gute Natur. Verstandet ihr euch, so hättet ihr euch an's Herz gedrückt und hättet in einer seligen Umarmung eure Wonnen und eure Leiden vermählt. Heuchler nennt ihr die Menschen? So sehr verbergen sie nie ihre Laster, als sie ihre Tugend verbergen.

Die närrischen guten Menschen! sie verwunden oft mit zitternder Hand, nur um ihre Härte darzuthun; sie verschließen aus Furcht vor räuberischen Ueberfällen dem darbenden Bettler ihre Thüre. Die edelsten Eingeweide, Kopf und Herz, hat die Natur mit Knochen umgeben, nur den Bauch nicht, und so ist der Mensch nie blöde, seine rohesten Lüste zu zeigen; aber was er Schönes begehrt, verschweigt er, er verschließt seine Leiden, und duldet lieber den Schmerz, als den Trost. Da fuhr ich neulich im Postschiffe am Rhein hinab. Was nur im deutschen Reiche an Krämern, Juden und schlechten Dirnen Gemeines herumwandert, fand sich da zusammen. Einer der Reisegefährten war mir mehr als alle andern in tiefer Seele zuwider. Der Kerl war jung und Feldmesser. Er trug weiße, blau gestreifte leinene Beinkleider, Gamaschen von gelbem Nankin, und seine schwarzseidene Weste hatte unausstehlich farbige Blumen. An seiner Tabakspfeife hingen große gelbe und rothe Trobbeln. Er drang der ganzen Gesellschaft die mit sich führende Wurst auf, schnapste mit jedem Postillon, konnte seine langen Beine nie zu erwünschter Gemächlichkeit bringen, ließ kein vorübergehendes Bauernweib ungeneckt, und erschöpfte alle Saufgelage an schlechten Redensarten. Nach dem Essen schlief der Kerl und schnarchte im Sonnenscheine. Ein Buch fiel aus seiner Seitentasche, das ich in die Hand nahm. Es war Jean Pauls Titan, und tausend Anstriche und Punkte, und alle Ränder vollgeschrieben. Keine Ader hatte dieser Herzensgliederer beschrieben, die der Feldmesser nicht nachgezeichnet, keine Nerve aufgedeckt, die er nicht durchempfunden, kein Leib erzählt, dessen Schilderung er nicht als treu bekräftigt. Manchen Pinselstrich des Malers hatten die Thränen des anbetend Niedergefallenen ausgelöscht, und oft war der Schleier, mit dem der Dichter große Schmerzen umhing, von einer festen, selbstmörderischen Hand weggezogen. In dem frechen Gesellen war eine schöne Seele. Als er aufwachte und das Buch in meiner Hand sah, ward er roth und zornig und rief: „Dummes Zeug, ich gebrauch's zu Fibibus," und riß wirklich ein Blatt heraus, um seine Pfeife damit anzuzünden. Und so ist der Mensch!

> Wer sich der Einsamkeit ergibt,
> Ach! der ist bald allein;
> Ein Jeder lebt, ein Jeder liebt,
> Und läßt ihn seiner Pein.

Ja, den Harfner fassen sie deutlich; denn erst wenn man wahnsinnig geworden ist und sich den Bart wachsen läßt, kommen sie herbei, und sperren uns in's Tollhaus, nicht den Unglücklichen zu heilen, nein, zu ihrer eigenen Sicherheit. Mit welchem Fleiße haben sie nicht den menschlichen Körper durchsucht und jede Ader, jede Nerve, jede Muskel abgesondert. Wie sorgfältig haben sie die Entwickelungen der verschiedenen Altersstufen, alle Verrichtungen der einzelnen Theile beobachtet. Wie viele Krankheiten haben sie gefunden, von den Wehen der Mutter, vom Zahnen des Kindes an bis zur Hinfälligkeit des Greises, und für jede hundert Mittel. Wie zahlreich sind die Aerzte, wie reich die Apotheken! Hat man aber nur einen einzigen Heilkünstler für eine kranke Seele, und einen Saft, ihre Leiden zu stillen? Sind die Nerven erschlafft oder überreizt, was wird nicht alles gerathen und gegeben, sie zu stärken oder zu besänftigen! Aber wenn die Saiten des Herzens nachlassen oder überspannt sind, wer bekümmert sich darum? Man hat keine Linderung, ja keinen Blick dafür, und erst wenn die Saiten zerrissen sind, erkennen sie den Jammer, um ihn zu verspotten, und sagen: das sei die Folge thörichter Ueberspannung. Jahrhunderte hat es gedauert, bis man so weise geworden, den unglücklichen Selbstmörder nicht vom Schinder wegführen und ihn wie einen Hund am Kreuzwege einscharren zu lassen. Und doch, wie viel besser waren jene Zeiten, da noch Liebe und Glaube Alles verklärte und sogar den Leib vergeistigte! Wurde damals ein Kranker von Muskelkrämpfen hin und her geworfen, da meinte man, er wäre vom Teufel besessen, und die Priester sprachen dem Herzen zu. Jetzt hat man die Seele verknöchert, und wenn sie hundert Teufel ängstigen, kommen die Aerzte und sagen, das käme von Würmern im Leibe.

Die Menschen sind einsam mit ihrer Seele, nur mit dem Leibe hängen sie zusammen. Nur noch beim Schmausen findet man Liebe und Verständniß, aber wenn das Herz genießt oder entbehrt, da findet man keinen Tischgenossen, und keinen Wirth, der den Hungrigen stille. O irrende Liebe, falsches Mitleid! Was liegt daran, daß man eine kurze Zeit am Fieber darnieder liege, um stärker und gesünder aufzustehen, oder im bewußtlosen Taumel dahin zu sterben? Und doch, wie sind dann die Freunde betrübt! Aber ein verwundetes Herz, das nie vernarbt und nie verblutet und uns durch das ganze Leben schmerzt, findet keine Sorgfalt.

Einsamkeit des Herzens, wie bist du so fürchterlich in Lust und Trauer!

Will ich mir eine Lust machen, dann lese ich ihre Erziehungsbücher; bin ich zu Trauerspielen geneigt, dann sehe ich mir ihre wohlerzogenen Menschen an. Es wäre zum Tollwerden, wäre man nicht schon früher toll. Wahrlich, auch mit den leisesten Wehen der Mutter ist das Leben eines Kindes schon viel zu theuer bezahlt. Die Mikropolitik jedes geistseigenen Bürgers — und das sind wir Alle — ist ganz nach morgenländischer Despotie geformt. Da sitzt irgend eine erblichherrschende Idee, ein Schneider, ein Schuhmacher, ein Gelehrter, ein Kaufmann, als Sultan auf dem Throne und verfährt mit allen übrigen Sinnen, Gedanken und Empfindungen der menschlichen Natur, wie mit todter Masse, die keinen Willen habe, noch selbstthätige Kraft. Erhebt sich irgend eine Lust, gleich wird sie von den Janitscharen-Säbeln der Gesetze nieder-

gehauen. Will man einen vornehmen Trieb mit Achtung
tödten, schickt man ihm die seidene Schnur der Moral,
daß er sich selbst erwürge. Wie viele Kräfte im Menschen
gehen ungebraucht zu Grunde! Nein — gingen sie zu
Grunde, das wäre noch Heil; aber jede unbenützte Kraft
versauert, und verdirbt alles Blut des Lebens, wie schlecht
verwahrter Wein zu Essig wird. Alle unsere Laster sind
umgeschlagene Tugenden. Wie viele sind der Freuden
unserer Tage? Glücklich sind die, welchen die Wiege gleich
zum Sarge wird; weiter als zum Schoppen Wein täglich
bringen es Wenige.

Die Kräfte des Menschen müssen demokratisch gebildet
werden, so daß abwechselnd jede zur Sprache, zum Handeln und Genießen kömmt. Aber auch die glücklichsten
Völker haben nur Stände: Kopf, Herz, Magen, und
die tausend mannigfaltigen Farbenspiele, die dazwischen
liegen, werden nicht gehört und beachtet. Ich weiß recht
gut, woher der Jammer kömmt. Es ist die uralte Gau-
nerei des Law, und unsere Altmutter Schlange, die ge-
fräßige Habsucht. Sie legen ihr baares Geld auf eine ge-
malte Bank, und es fällt zu Boden, und rollt in's Weite.
Mississippi-Hoffnungen! Wo strömt der Mississippi? Wo
liegt das gelobte Louisiana? Wenige wissen es, und diese
lachen, und theilen mit dem Beutelschneider.

Liebe ist süßes Mondlicht, dem Wanderer in der Nacht
ein treuer willkommener Führer; aber die Glücklichern ver-
schlafen das Dunkel.

Der eine Mensch ist Stahl, der andere Stein, der dritte
Zunder, träfen sie aufeinander, dann entzündete sich ein
schönes Licht, ihnen und den Andern zur Freude. Aber
es geschieht nicht. Die Eigenliebe der Menschen schlägt
sich selbst die tiefsten Wunden. Jeder sucht nur den Gleich-

gearteten, und so begegnen sich nur immer Stein und Stein, Stahl und Stahl, und kein Funke entspringt.

Die ältesten griechischen Künstler bildeten die Gerechtigkeit ohne Kopf ab. Es war ein Deutscher, der zuerst diese Bemerkung machte — Winckelmann.

IX.

Die Meneen.

(1826.)

Es ist sehr betrübt, daß sich die gebildeten Stände so wenig um den Mond bekümmern. Ihre Unbekanntschaft mit demselben ist so groß, daß nur wenige Leser wissen dürften, was Meneen bedeute, und daß die meisten glauben möchten, es werde ihnen unter dieser Ueberschrift ein angenehmer Roman dargeboten. Ja manche werden vielleicht, selbst nachdem sie diese gelehrte Abhandlung zu Ende gebracht, immer noch denken, sie hätten einen Roman gelesen. Doch dürfen wir jene Gleichgültigkeit schelten, dürfen wir uns über diese Unwissenheit wundern? Nein, es ist nur die Schuld der Gelehrten, wenn die Ungelehrten so ungelehrig sind. Die deutsche Gelehrsamkeit hat eine Sprache, die sehr unverständlich ist und, die verständlich zu machen, man sich so wenig bemüht. Die Werke aller todten und lebenden Sprachen werden übersetzt, aber eine Uebersetzung aus dem Deutschen in's Deutliche suchen wir vergebens. Ich trete mit einem ersten Versuche hierin schüchtern hervor, und ich bitte um Nachsicht. Ich will die Leser des Morgenblattes mit einer Abhandlung über den Mond in einer getreuen Uebersetzung bekannt machen. Die Abhandlung enthält merkwürdige, ja ganz erstaunliche, unerhörte Dinge. Ihr Verfasser ist der Herr Professor Franz von Paula Gruithuisen in München, und sie stand vor einiger Zeit in Nasse's Zeitschrift für die Anthropologie abgedruckt. Vielleicht wird es Mancher nicht begreifen, wie eine Abhandlung über den Mond in eine Zeitschrift für die Anthropologie gerathen; doch er lese sie nur und es wird ihm erklärlich werden, und er wird bekennen müssen, daß Herr von Gruithuisen einen merkwürdigen Beitrag zur Anthropologie geliefert. Die Abhandlung ist bezeichnet: „**Philosophische Reflexionen über die naturgesetzlichen Mutabilitätsverhältnisse verständiger Wesen auf dem Monde.**" Das heißt: Philosophische Betrachtungen über die verständigen Wesen auf dem Monde, und wie sie nach den Naturgesetzen waren, sind und sein werden. Ehe ich aber weiter gehe, muß ich bemerken, daß ich die Ansichten des gelehrten Herrn Verfassers nicht immer theile. Ich darf mir schmeicheln, mit dem Monde gut bekannt zu sein, ich habe ihn in meinen Jugendjahren oft mit wehmüthigem Erstaunen betrachtet, ich habe Manches entdeckt, was dem Herrn von Gruithuisen entgangen, ich habe Manches anders gesehen, als er. Indem ich daher ihm für seine vielen, wichtigen und neuen Entdeckungen die gebührliche Huldigung bringe, werde ich mir die Freiheit nehmen, ihn in einigen Punkten zu berichtigen oder zu ergänzen. Doch werde ich dieses immer mit der gehörigen Bescheidenheit thun und ich werde ein nachahmungswürdiges Beispiel von derjenigen Artigkeit aufstellen, die deutsche Gelehrte immer gegen einander beobachten sollten.

Herr von Gruithuisen beginnt mit den Worten: „Was ich hier vorzutragen Willens bin, ist eine Reihe von Möglichkeiten, für deren Wirklichkeit eine große Zahl von Beobachtungen spricht." Die europäischen Gelehrten mögen diese herrlichen Worte lesen und wieder lesen, und sich schämen und wieder schämen. Während sie so oft ihre Träumereien für Möglichkeiten, Möglichkeiten für Wirklichkeiten erklären — was thut Herr von Gruithuisen? Gerabe das Gegentheil. Eine Reihe von Wirklichkeiten, für deren Wirklichkeit eine große Zahl von Beobachtungen spricht, will er nur als eine Reihe von Möglichkeiten geltend machen! Seltene Bescheidenheit, und die zu bewundern wäre, würde sie nicht von der größern, welche folgt, überhoben und verdunkelt. Herr von Gruithuisen bemerkt nämlich ferner: So gewiß er auch seiner Sache sei, denn er habe sein Leben lang darüber nachgedacht, beobachtet, geforscht und Versuche angestellt, so hoffe er doch nur Solchen seine Ueberzeugung mitzutheilen, die mit ihm gleiche Gesinnung und gleichen Wandel hätten. Herr von Gruithuisen theilt also nicht die kecke Zuversicht anderer Schriftsteller, die nie daran zweifeln, daß es ihnen gelingen werde, die Leser zu ihrer Meinung herüber zu führen; er weiß vielmehr, daß er dieses nicht vermag und daß er nur solchen Lesern seine Gesinnung einflößen werde, welche diese Gesinnung schon früher gehabt. Aber auf diese Gleichgesinnten baut Herr von Gruithuisen fest; für diese, sagt er, werde seine Mondgeschichte mit der von Moses vorgetragenen Genesis gleichen Werth haben. Zwar weiche er in mehreren Punkten, wie darin, daß er in der Schöpfungsgeschichte weiter zurückgehe, von Moses ab; doch in andern Punkten stimme er mit ihm überein. So wolle er auch, um, gleich Moses, den Lesern keine Langeweile zu machen, sich wie Moses kurz fassen.

Welches war der Urstand der Natur im Allgemeinen, und der des Mondes und der Erde im Besondern? Die Frage ist etwas keck; aber wir Gelehrten haben den Teufel im Leibe, und wir fürchten uns vor keiner Antwort. Macht es die Natur wie die Mönche im Mittelalter: löscht sie die alten klassischen Handschriften der Schöpfung aus, um neue Werke darüber zu schreiben — so ahmen die Gelehrten dem Bibliothekar May in Rom nach: sie kratzen die neuen Handschriften wieder ab, um die alten verloschenen darunter zu lesen. Herr von Gruithuisen sagt: die Entstehung eines großen unorganischen Körpers werde nur dadurch möglich, daß er durch Ansammlung von außen sich bilde. Es habe sich den Naturforschern unserer Zeit mit einer eisernen Gewalt die Ansicht aufgedrungen, daß die großen Weltkörper das Ergebniß eines Niederschlags aus dem Aether seien, und daß man sich den Akt dieser Präcipitation noch als fortdauernd denke, beweise die neue Lehre vom Sonnenstaube und die ältere von den Meteormassen, als kosmischer Körper. Wir wollen uns von keiner eisernen Gewalt abschrecken lassen, sondern die Sache ruhig überlegen. Was mich betrifft, so stimme ich mit den Herren Naturforschern nicht darin überein, daß die großen unorganischen Körper durch Ansetzung von außen entstünden. Nicht etwa als läugnete ich den Niederschlag aus dem Aether — ich bin weit davon entfernt; aber ich kann nicht zugeben, daß die unorganischen Körper diesem Niederschlage ihr Dasein zu verdanken haben; ich sehe und erkenne nirgends in der Natur unorganische Körper. Der Mensch nennt diejenigen Wesen unorganisch, die zu weit unter, oder zu hoch über ihm stehen, zu welchen er mit seinen Sinnen und Begriffen nicht hinablangen, oder nicht hinaufreichen kann. Aber Alles ist belebt, Alles lebt. Sonne, Mond und Sterne sind Thiere, wie wir auch; die Erde ist auch eines. Das zeigen ihre organischen und sentimentalen Verrichtungen: ihr Einsaugen und Ausscheiden, Ebbe und Fluth, Elektricität, Magnetismus, das zeigen ihre Krankheiten sogar. Es ist nur ein aristokratischer Stolz, der dem Menschen den Wahn eingeflößt, er sei der Herr der Schöpfung und die Erde seine Wohnung. Der Mensch ist nur ein Organ der Erde; ihm viel einzuräumen, mag er ihr edelstes Organ, das Gehirn des Erdkörpers sein. Einiges spricht für diese Vermuthung. Wenn wir Menschen aufrichtig sein wollen, müssen wir gestehen, daß wir zuweilen verrückt, ja daß wir unter allen lebenden Geschöpfen die verrücktesten sind. Beweis, daß wir den Verstand vorstellen; wir sind der Verstand und haben ihn für den Erbkörper. Wollten wir uns auch erbitten lassen und aus Gutmüthigkeit zugeben, daß der Mensch nicht blos ein Organ des Erbkörpers, sondern ein selbstständiges Wesen sei: so können wir doch unmöglich darin nachgeben, daß sich der Mensch für das vollkommenste Geschöpf auf der Erde halte. Die Natur macht keinen Sprung; aber der Himmel steht zu hoch über der Erde, der Mensch steht vom Engel gar zu weit ab — es muß Zwischengeschöpfe geben. Der Hund weiß es nicht, daß er seinem Herrn folgt, er glaubt mit Freiheit zu handeln. So ergeht es dem Menschen auch. Was er Triebe, Neigungen, Leidenschaften, Grundsätze nennt, das sind seine Herren, welche ihn führen, welchen er folgt und gehorcht. Wir sehen einen Menschen ertrinken; aber wir sehen nicht, daß er ertränkt worden, wie ein kranker Pudel. Dadurch, daß wir die Erde für einen organischen Körper erklären, geschieht dem Niederschlage aus dem Aether durchaus kein Abbruch. Dieser Niederschlag ist die Nahrung der Erde, die von dieser assimilirt und so zur Ernährung wird; aber die Erde wächst von innen heraus, wie ein Thier. Auch auf den Menschen sehen wir Luft, Wasser, Wein, Brod, Ochsenzungen und Rebhühner niederschlagen, und wir sagen darum doch nicht, er sei ein unorganischer Körper, der von außen anwachse, sondern wir nennen jene gutgemeinten Niederschläge und den freundlichen Empfang derselben, **essen und trinken**.

Was die neue Lehre vom Sonnenstaube betrifft, so war diese Lehre auch mir ganz neu und, indem ich mich dieses Zuwachses meiner Kenntnisse freue, thut es mir gar zu leid, daß ich nicht nur wenige Tage früher diese Neuigkeit erfahren; es wäre dadurch ein großes Unrecht und eine unverdiente Kränkung verhütet worden. Erst in der vorigen Woche schalt ich mein Stubenmädchen aus, weil sie zum hundertsten Male übertreten, was ich schon hundertmal befohlen, nämlich: das Fenster zu öffnen, so oft sie das Zimmer lehre. Ich kam nach Hause und roch den Staub, ich schmeckte ihn dick auf der Zunge; ich lärmte. Das Mädchen behauptete, das Fenster sei offen gewesen, und sie sähe keinen Staub, er wäre nur in meiner Einbildung. Da zeigte ich ihr den Staub hell von der Sonne beschienen, sie verstummte. Aber mein Reden und ihr Schweigen war gegen die Naturlehre. Der besonnte Staub war Nichts als Sonnenstaub, ein Niederschlag aus dem Aether, und die kosmischen Körperchen hätten doch unmöglich in das Zimmer kommen können, wäre das Fenster nicht geöffnet gewesen.

Es sind aber nicht blos solche kleine, leichte Körperchen, welche die Erde zart bepudern, sondern ganze Weltkörper, oder große Stücke derselben fallen auf die Erde herab. So sind, wie Herr von Gruithuisen behauptet, einst die Insel Ceylon, Neu-Holland, Neu-Guinea, das Land Böhmen aus der Luft herabgefallen. Ich muß sagen, das ist ein harter Niederschlag, das ist eine sehr grobe Präcipitation; ich hätte mir die Natur artiger gedacht! Es ist doch gewiß sehr traurig, wenn wir nicht mehr spazieren gehen können, ohne zu fürchten, es möchte uns ein großes Stück Geographie auf den Kopf fallen. Was soll uns dagegen schützen? Erfinde einer Böhmen-Schirme! Da hält kein Taffet und kein Fischbein Stich. Zwar sagt Herr von Gruithuisen, die Sache wäre nicht so gefährlich, als sie aussehe. Nicht blos die Geschöpfe jener aus der Luft gestürzten Weltkörper blieben beim Leben, sondern auch die Erdbewohner solcher Strecken, wo jene Weltkörper niederfallen; nur dürften sie nicht so unglücklich oder so ungeschickt sein, gerade in die Versenkungsstufen zu gerathen. Herr von Gruithuisen, wie man sieht, spottet unserer Angst. Nicht Jeder ist ein Seiltänzer oder Springer, und welcher Springer ist flink genug, einer Insel Ceylon, einem breiten Neu-Holland mit seinen Spitzbuben, oder gar einem plumpen Böhmen mit seinen derben Gebirgsknochen auszuweichen? Herr von Gruithuisen hätte wahrlich besser gethan, seine traurigen Entdeckungen geheim zu halten. Ist es nicht ein unverzeihlich grausamer Scherz, wenn er uns tröstet: nach einem solchen Länder-Regen würde jeder Mensch fortdauern, „sofern er nicht überhaupt in der Katastrophe selbst den Tod gefunden?" Ein schöner Trost, wenn mir Einer sagt: Du wirst beim Leben bleiben, wenn du nicht stirbst. Herr von Gruithuisen behauptet ferner: „Nur die reinweißen Menschen sind Ureinwohner der Erde; Alles, was um den Aequator und den Wendekreisen wohnt, ist der Erde fremdartig." Welch ein Glück für Herrn von Villele, daß die französischen Gelehrten Dieses nicht wissen. Eben jetzt wird dieser Minister, wegen der Emancipation von Hayti, in der Deputirtenkammer auf's Heftigste bestritten; Alles wird hervorgesucht, diese Maßregel als verderblich darzustellen, aber auf den schlagendsten Einwurf ist Keiner gefallen, darauf nämlich, daß die Haytier keine Menschen, sondern ein Niederschlag aus dem Aether seien.

Wo kommen die Menschen her? Wo ist ihr Vaterland? Ach die Unglücklichen! Sie haben kein Vaterland, sie haben nur ein Vaterwasser. Die Menschen stammen aus dem Meere, sie und alle Landthiere sind einst Seethiere gewesen, und sind erst nach und nach trocken geworden. Warmes Blut und warme Schmerzen, das ist Alles, was wir gewonnen, nach so vielen vielen Jahrtausenden! Wenn Kinder fragen, wo die Menschen herkommen, sagt man ihnen, sie kämen aus dem Brunnen, oder der Storch bringe sie. Die Kinder sind glücklich, sie reden Wahrheit und hören Lügen; wir Erwachsene aber reden Lügen und hören Wahrheit, die traurige Wahrheit. Gibt es etwas Betrübteres, als die Vorstellung: die Menschheit sei mit Salzwasser statt Ammenmilch gestillt worden? Zwar möchte es dem Stolze mancher Menschen schmeicheln, nicht von den Bürgersleuten Adam und Eva, sondern von einem

Wallfische herzustammen: die Familie wird dadurch um
viele Jahrtausende älter, sie wird edler. Aber guter Gott,
welch ein Adel! Eine Auster zur Wehmutter, einen Stock-
fisch zum Stammvater zu haben! Hätte Herr von Gruithuisen wenigstens, was er behauptet nicht auch bewiesen,
hätte er uns den Trost des Zweifels gelassen. Aber nein,
er beweist, daß wir einst Seethiere gewesen, und versperrt
uns jeden Weg, wo wir vor diesem Gedanken entfliehen
könnten. Er sagt: „Zwei Dinge bleiben hienieden doch
merkwürdig." Die erste Merkwürdigkeit des Herrn von
Gruithuisen hienieden übergehe ich, um das Erstaunen des
Lesers auf eine wichtigere Sache zu schonen. Die zweite
Merkwürdigkeit ist, mit Herrn von Gruithuisens eigenen
Worten, folgende: „Die Liebe der Menschen und vieler
Thiere zum Meersalze und zum Wasser. Die Liebe zum
Meersalze deutet auf das Urmedium, auf die omnische Ur-
flüssigkeit der ganzen Thierheit hin. Meerthiere sind in
Landthiere verwandelt worden. Menschen und Vögel baden
sich gern. Warum ist der Appetit der Menschen
nach Fischen so groß?" ... Mit dem Salze hat es
seine Richtigkeit. Der Mensch lag einst im Salze, darum
liebt er das Salz. Daraus läßt sich auch die Erscheinung
erklären, daß verliebte Köchinnen die Suppe versalzen. In
solchen Fällen wird die kindliche Liebe, die den Menschen
zum Salze hinführt, durch die erotische verstärkt, und die
Salzlust muß dadurch größer werden. Zwar werden die
Continentalsuppen mit Quellsalz — gesalzen, und man
könnte darum denken, die Kinder möchten Recht haben,
wenn sie glauben, daß die Menschen aus dem Brunnen
kommen. Doch das beweist nichts gegen Herrn von Gruithuisen. Ist Quellsalz etwas Anderes als civilisirtes Meer-
salz? Was das Baden betrifft, so könnte man zwar
glauben, daß die Menschen Bäder gebrauchen, weil sie
Hufeland in seiner Makrobiotik empfohlen; doch vergesse
man nicht, daß sich die Menschheit schon mehrere Jahr-

tausende vor Hufeland gehabet. Es bleibt also nichts
Anderes übrig, als sich diese Wassersucht zu erklären, wie
Herr von Gruithuisen gethan: es ist eine Art Heimweh,
die Menschen haben sich aus Patriotismus. Der Ansicht
des Herrn von Gruithuisen über den großen Fisch-Appetit
der Menschen, so geistreich sie auch ist, möchte man doch
nicht ohne Bedenklichkeiten beistimmen. Daraus, daß der
Mensch gern Fische ißt, möchte man wohl eher das Gegentheil schließen, nämlich daß der Mensch nicht aus dem
Wasser herstamme, denn kein Thiergeschlecht verzehrt seine
eigenen Geschwister. Uebrigens ißt der Mensch nicht blos
Fische, er ißt noch gar Mancherlei gern. Der Mensch steckt
wie ein Kind Alles in den Mund, und wenn es nicht
gar zu hart ist, verzehrt er es. Aus Kronen und Eiern,
aus Völkern und Hasen, aus Ländern und Spargeln bereitet sich der Mensch seinen Chylus. Eben so gern, ja
oft lieber als Fische, ißt der Mensch Rindfleisch; dürfte
man daraus folgern, daß der Mensch von Ochsen herstamme? Daraus wenigstens gewiß nicht. Uebrigens wäre
der Appetit nach Fischen wirklich so groß, wie Herr von
Gruithuisen behauptet? Es gibt viele Menschen, welche
die Fische nicht lieben, und ausgezeichnete Naturforscher
haben beobachtet, daß die Neigung zu Fischen gar nicht
von diesen selbst, sondern von der Brühe angeregt werde,
mit welcher die Fische zubereitet sind. Auch bedarf es der
Fische gar nicht, um zu beweisen, daß die Menschen einst
Fische gewesen, Herr von Gruithuisen hat dieses schon durch
andere Gründe hinlänglich dargethan, und wenn er sagt:
„daß die Schöpfung hervorbringt, was möglich ist, sehen
wir, glaube ich, auf der Erde mehr als hinlänglich" —
wird ihm jeder vernünftige Leser darin bestimmen.

Jetzt kommen wir an den Mond. Es hat etwas lange
gedauert, es war aber nöthig, daß wir zuerst die Erde,
unsere Wohnstätte, von innen und außen gründlich kennen
lernten, ehe wir uns mit fremden Weltkörpern beschäftigten.

Wie die Erde beschaffen, das wissen wir jetzt, es fragt sich nun, wie ist der Mond, wie war er beschaffen, und was wird noch aus ihm werden? Doch ehe wir aufhorchen, was Herr von Gruithuisen hierauf antwortet, müssen wir zuvor die Frage mittheilen, wie er sie stellt. Er fragt nämlich nicht, wie wir es gethan, einfach, naiv und ohne Falsch; sondern er fragt mit beißender Ironie: dadurch bekömmt die Sache eine ganz andere Wendung, und wir entdecken endlich, daß es dem Herrn von Gruithuisen mit seiner ganzen Mondgeschichte nur Scherz gewesen. Er wollte sich nur über die Naturforscher lustig machen. Diese nämlich öffnen nicht die Augen, um zu sehen, wie eine Sache ist, sondern sie beschließen vorher, wie sie sein soll, und sehen dann so lange an der Sache herum, bis sie ihnen so erscheint, wie sie es wünschen. Die Natur ist die arme Inquisitin, gegen welche sich die Naturforscher, als die Inquisitoren, verbotene Suggestionen erlauben. Um diese Weise zu verspotten, fragt Herr von Gruithuisen nicht: wie ist der Mond beschaffen? — er fragt: wie muß der Mond beschaffen sein, damit er so beschaffen sei, wie wir glauben, daß er beschaffen sei? Das Geheimniß dieser herrlichen Ironie sei aber den Lesern nur im Vertrauen mitgetheilt, sie dürfen es nicht ausplaudern; man muß Keinem seinen Spaß verderben, und wir wollen uns ferner anstellen, als sei es dem Herrn von Gruithuisen mit Allem, was er sagte, völliger Ernst gewesen. Seine Frage lautet wörtlich, wie folgt: „Was konnten nach den Naturgesetzen auf dem Monde für Ereignisse stattgefunden haben, damit sie mit den Beobachtungsresultaten neuerer Zeit in einen natürlichen Einklang gebracht werden können?" Als Antwort auf diese Frage erfahren wir viele merkwürdige Dinge; doch wollen wir uns mit den Kleinigkeiten darunter nicht lange aufhalten, und uns mehr und länger mit den grandiosen beschäftigen.

Wie man uns oben belehrt hat, ist die Erde eine aus

verschiedenen kosmischen Stiften gebildete Mosaik, und die
Menschheit ein Lumpengesindel, das aus dem Abfall aus=
ländischer Himmelskörper zusammengerafft worden. Neu-
Holland, Böhmen und andere Erdtheile sind aus verschiedenen Luftgegenden herabgekommen. Ob diese Colonisten
herabgefallen sind oder herabgestürzt worden, ob sie aus-
gewandert oder ob man sie verbannt hat, darüber hat
sich Herr von Gruithuisen nicht geäußert. Es ist aber auch
ziemlich gleichgültig. Man kann es kaum eine Auswande-
rung oder eine Verbannung nennen, wenn ein Volk wie
das böhmische nicht blos mit Haus und Hof, sondern auch
mit dem Boden, worauf Haus und Hof stehen, ihre Heimath
verlassen; ja wie wir später erfahren werden, nehmen solche
Auswanderer sogar die heimathliche Luft mit, so daß sie
Nichts verändern als den astronomischen Platz im Him-
melsraume. Durch diese Lehre von dem Niederschlage aus
dem Aether wird freilich eine gänzliche Umgestaltung der
irdischen Jurisprudenz nothwendig. Die Satzungen von
beweglichen und unbeweglichen Gütern, von Faustpfändern
und Hypotheken haben gar keine Bedeutung mehr. Wer
wird es ferner wagen, nach dem er gesehen, daß Neu=Hol-
land sich bewegen konnte, auf ein leichtes Haus oder Land-
gut, das ein Lüftchen in den Raum wehen kann, ferner
eine Hypothek zu nehmen? Majorate können nicht mehr
gestiftet werden und das neue Erstgeburtrecht in Frankreich
wird in der Geburt sterben. Die Lehre von der Beweg-
lichkeit unbeweglicher Güter scheint man schon früher geahnet
zu haben; denn man findet in der ältern deutschen Geschichte viele Beispiele von verpfändeten Provinzen und
Völkerschaften, welches nicht hätte geschehen können, hätte
man nicht Land und Volk für Mobilien angesehen. Einige
frühere hieher gehörige Bemerkungen des Herrn von Gruithuisen, die wir anzuführen vergessen, wollen wir nachholen.
Von Neu=Guinea, diesem Stücke eines fremden auf die
Erde gefallenen Weltkörpers, sagt er: „Hier findet man

wieder negerartige Menschen, woran die **kometarisch ur-
sprünglich erweiterte Brust** noch nicht ganz ver-
schwunden ist." Wir verstehen nicht recht, was damit hat
gesagt werden sollen, doch der Ausdruck kometarische
Brust ist so wahr als dichterisch, und auch auf jede weiße
Brust anzuwenden. Das Herz des Menschen ist ein Komet,
furchtbaren Anblicks, leuchtend und drohend, ungeregelten
und nicht zu berechnenden Wandels. Bei Erwähnung
Ceylons, dieser „kleinen in die Erde versenkten kosmischen
Weltkugel," bemerkte Herr von Gruithuisen: „dieses **Beispiel gibt schon zu erkennen, daß fast der dritte Theil
der Organismen, welche mit einem fremden Weltkörper
ankommen, sich retten kann vom Untergang, und daß
Thiere und Pflanzen noch immer auf ihrem heimischen
Boden verbleiben, ja sogar, daß manche ihrer Wohnungen,
außer einiger relativ schiefen Stellung**, wohl noch
brauchbar befunden werden mögen." Jetzt erklärt sich das
Räthsel von den bekannten schiefen Thürmen zu Bologna.
Die Reisebeschreiber haben sich lächerlich darum gestritten,
ob der Baumeister sie vorsätzlich schief gebaut, oder ob sie
im Verlauf der Zeiten sich geneigt haben; es ist aber
weder das Eine noch das Andere geschehen. Die Bolog-
neser Thürme sind gar nicht von Menschenhänden gebaut
worden, sie sind ein Niederschlag aus dem Aether und
haben durch den Fall eine **relativ schiefe Stellung**
erhalten. . . . Doch wir sind ja vom Monde wieder abgekommen! Man ist freilich zu entschuldigen, wenn man, so
zwischen Himmel und Erde schwebend, etwas den Schwindel
bekommt und hinschwankt, wohin man nicht wollte. Doch
wollen wir uns jetzt dem Monde fest anklammern und
ihn nicht eher wieder loslassen, bis wir ihn rundum genau
untersucht haben.

Der Mond ist bewohnt, und zwar wie die Griechen
sagen von Meneen, und wie der Deutsche spricht, von
Mondbewohnern. Daß der Mond, wenn er bewohnt ist,

von Mondbewohnern bewohnt ist, das wird kein billiger Mann dem Herrn von Gruithuisen streitig machen. Eher möchten manche andere seiner Behauptungen Bedenklichkeiten erregen. Der Mond soll entstanden sein, wie die Erde auch, wie alle große Weltkörper entstanden sind, nämlich durch Zusammensetzung mehrerer kleineren Himmelskörper. „Daß fremde Weltkörper, die in den Mond stürzten, ihn vergrößert haben, zeigen vollkommen zahllose Beispiele." Gegen Beispiele läßt sich nichts einwenden, besonders wenn sie zahllos sind. Nach Herrn von Gruithuisen zu urtheilen, hat die Natur kein Genie, sie verfährt bei ihren Bildungen immer auf gleiche Weise. Leser, die natürlich sind, welchen es an Einbildungskraft fehlt, können sich den Mond und die Erde nicht anschaulicher machen, als wenn sie sie mit einem Spielballe von Tuch vergleichen, der aus Lappen von verschiedenen Farben bunt zusammengesetzt ist; nur mit dem Unterschiede: daß, während die Buntheit des Spielballes durch die verschiedenen Lichtgrade seiner Lappen, die Buntheit des Mondballes durch die verschiedenen Wärmegrade seiner Stücke entsteht. Nämlich die kleinern Himmelskörper, die auf die größern herabfallen, bringen nicht blos ihre eigenen Organismen mit, sondern auch ihren eigenen Wärmegrad, wodurch die Urwärme des Mutterkörpers umgestimmt wird. Daher die verschiedenen Klimate auf Mond und Erde. Die grauen Ebenen des Mondes, die man schon mit freien Augen sehen kann, haben ihre graue Farbe, von dem von mir erwiesenen — nicht von mir dem Uebersetzer, sondern von Herrn Gruithuisen erwiesenen — Ueberzuge von Vegetabilien. Herr von Gruithuisen hätte noch Mehreres von der Mond-Botanik mittheilen sollen. Die lunarischen Pflanzen haben viele Merkwürdigkeiten, unter andern das Seltsame, daß sie keine Staubfäden haben, so daß das Pflanzenreich im Monde ein wahres Amazonenreich zu sein scheint. Daß die Meneen den „Kummer um Luft" nicht kennen, darum wollen wir sie nicht beneiden. Haben sie einen Kummer weniger, als wir Menschen, so werden sie dafür wohl einen andern Kummer mehr haben. Es ist Nichts ganz in dieser zusammengeflickten Welt, und was auch aus dem Aether niederschlage, es ist immer mit Kummer vermischt.

Der bisherige Lebenslauf des Mondes läßt sich mit wenigen Worten erzählen. Der Mond war anfänglich ein Komet, dann ward er ein Planet und endlich ein Satellit der Erde, was er noch ist. Als Komet lebte der Mond im rohen Zustande der Natur, streifte wie ein Wilder durch die weiten Himmelsräume, befahl und gehorchte Keinem, und that, was er wollte. Da kam die Bildung über ihn, er aß vom Baume der Erkenntniß und verdarb sich den Magen; da jammerte er nach Arzt und Krankenwärter, da erbarmte sich seiner die Erde und nahm ihn unter den Schutz ihrer mütterlichen Polizei. Die Censur leitete seinen Verstand, die Finanzkammer verwaltete sein Vermögen, und die Justiz züchtigte gut gemeint den Fehlenden. Der Lauf des Mondes gleicht dem der Menschheit, und er hat gar nicht Ursache, sich zu beklagen. Aber Herr von Gruithuisen, Rousseau's grämlicher Lebensansicht huldigend, behauptet, den Mond habe seine Bildung unglücklich gemacht. Er sagt: „die Meneen hatten es, als sie Bürger des freien Kometen waren, besser, als nachdem der Mond Satellit der Erde geworden. Er leuchtete nicht mehr durch eigenes Licht, er verlor die innere Wärme, ja Sonne und Erde beraubten ihn des größten Theiles seines Wassers. Die Meneen mußten auf Mittel bedacht sein, sich vor dem großen Wechsel der Hitze und Kälte zu sichern." So ungern ich auch den Angeber mache, kann ich es doch nicht verschweigen, daß ich in diesen Sätzen Demagogie, ja wahrhaft revolutionäre Gesinnungen erkenne. Zu sagen, daß es die Meneen als Bürger des freien Kometen besser gehabt, als unter dem sanften Scepter der Erde — heißt das nicht offenbar, die Insurrection der Amerikaner und der Griechen billigen? Daß der Mond nicht mehr durch eigenes Licht leuchtet, ist denn das so sehr zu bejammern? Wenn jeder Mensch auf der Welt durch sein eigenes Licht leuchten wollte, das gäbe eine schöne Illumination! Wenn Sonne und Erde, um sich für die Erziehungs- und Regierungskosten zu entschädigen, die ihnen der Mond verursacht, einen Wasserzoll von ihm nehmen, nennt das Herr von Gruithuisen **berauben**. Nur ein Liberaler kann so sprechen. Das heißt nicht berauben, das heißt **besteuern**. Auch die Menschen müssen Abgaben entrichten, so gut wie die Meneen. Zwar wird auf der Erde das Wasser nicht besteuert, ausgenommen das Mannheimer und das Kölnische, aber der Wein wird besteuert, das Obst, das Getreide, Häuser, Felder, Wagen, Pferde, Hunde, Gedanken, das Reisen, das Nichtreisen, Kaufen, Verkaufen, das Heirathen, der Junggesellenstand, die Geburt, das Sterben, Leben und Tod, das Herz, die Arbeit, das Faullenzen, der Schlaf, die Luft, Tag und Nacht, Winter und Sommer, und noch viele tausend andere Dinge; doch noch keinem vernünftigen Manne ist je in den Sinn gekommen, dieses **berauben** zu nennen. Herr von Gruithuisen selbst bemerkt, daß die Meneen, weil ihnen die Wärme entzogen, hätten darauf bedacht sein müssen, sich künftig gegen die Kälte zu schützen; er verkennt also die heilsamen Wirkungen der Abgaben nicht, er weiß, daß sie den Gewerbfleiß befördern; er weiß, daß das Steuersystem eine Hunger-Kur ist, die alle Organe des Menschen zu größerer Thätigkeit antreibt — er weiß dieses Alles, und dennoch klagt er! Wenn sogar die Astronomen anfangen, die Preßfreiheit zu mißbrauchen, dann ist es wahrlich hohe Zeit, dem Uebel Einhalt zu thun und auch den Himmel zu censiren.

Wie haben es die Meneen angefangen, um sich gegen den großen Wechsel von Kälte und Wärme, den das Budget der Erde über den Mond gebracht, zu schützen? „Sie wurden Troglobyten, und dieses scheinen sie nach **allen** den Dutzenden von Merkmalen und Spuren, die ich davon auf der Mondoberfläche entdeckt habe, noch heutiges Tages zu sein." Die Leser werden mit Wohlgefallen bemerken, daß sich Herr von Gruithuisen, bei Aufzählung seiner Merkmale und Spuren, des altehrwürdigen Duodecimal- und nicht des revolutionären Decimalsystems bedient. In der That, Natur und Kunst, die 12 Himmelszeichen, die 12 Monate, die 12 Söhne Jakobs, die 12 Apostel, die 12 Pairs Karls des Großen, die 12 Spielhäuser in Paris und die 12 Bände des Conversationslexicons, empfehlen das Dutzendwesen hinlänglich. Schröter hatte im Monde eine Stadt gesehen. Herr von Gruithuisen will dieses nicht absprechen, doch hat er seine Gründe zu glauben, daß „von diesen Gebäuden nur die troglobytisch bewohnbaren noch ihre Meneen beherbergen, und die andern zur heißen Tageszeit von Reisenden benutzt werden, um Schatten und Ruhe darin zu finden." Bei Gelegenheit der Reisen der Meneen hätte man gern erfahren, wie es auf dem Monde mit den Pässen gehalten wird. Zwar ist gar kein Zweifel, daß die Meneen zu ihren Reisen Pässe brauchen — dieses ist ein Urgesetz der Natur und gehört zum Aggregrationssystem — die Frage ist nur, ob den Meneen die Pässe der Mondsbehörden hinreichen, oder ob sie, da der Mond ein Satellit der Erde ist, von der irdischen Ober-Regierung die Pässe fordern müssen? Freilich hat man auf der Erde von solchen Pässen nach dem Monde nie Etwas gehört, doch kann es immer sein, daß dieses zum Wirkungskreise der geheimen Polizei gehörte. Auch hat Herr von Gruithuisen Sommer-Gebäude im Monde gesehen; auch hat er dreizehn Gebäude gezählt, die nicht größer sind „als die gewöhnlichen Söldnerhütten auf der Erde;" auch hat er den Schatten von Gassen gesehen. Ueberhaupt unterschied Herr von Gruithuisen drei verschiedene Baustyle im Monde; doch da wir nicht blos für Architekten schreiben, sondern für gebildete Stände überhaupt, so wollen wir dieses nicht ausführlicher abhandeln. Endlich entdeckte Herr von Gruithuisen Ruinen der Ureinwohner des Mondes. Die Ruinen habe ich auch gesehen; doch daß sie von den Ureinwohnern des Mondes herrührten, widerspricht meinen Beobachtungen. Diese Ruinen sind künstliche Ruinen, wie wir sie in unsern englischen Gärten haben.

Sind die Meneen Menschen? fragt Herr von Gruithuisen. Hat gut fragen, wer die Antwort schon in der Tasche trägt. Wir möchten den Frager fragen: was ist der Mensch? Doch hören wir ihn, vielleicht antwortet er hierauf auch. Also, Frage: sind die Meneen Menschen? Antwort: „Mit Gewißheit wird man hier weder ein Ja, noch ein Nein antworten können. Nur einige Gründe, die uns die Beobachtungen an die Hand geben, stimmen für das Ja. Sie führen zu einer Contrarietät der Vierhändigkeit und Vierfüßigkeit, die nur durch die Setzung eines Mittels zwischen beiden, nämlich die Zweihändigkeit und Zweifüßigkeit zu lösen ist." Lieber Leser, jetzt müssen wir uns zusammennehmen, um dem Herrn von Gruithuisen nachzukommen; er ist sehr rasch. Wir können wie der Mohr in Fiesko sagen: unsere Füße haben alle Hände voll zu thun. Herr von Gruithuisen behauptet, weil die Meneen weder vier Hände, noch vier Füße hätten, müßten sie Menschen sein. Aber besteht denn das Wesen nichtmenschlicher Geschöpfe in der Vierhändigkeit oder Vierfüßigkeit? Vierhändige Thiere gibt es gar nicht auf der Erde, das garstige Thier mit zwei Rücken im Othello ausgenommen; und auf der andern Seite gibt es sehr viele Thiere, die keine vier Füße haben und doch keine Menschen sind: wie die Vögel, die Fische, die Insekten und andere, die man in Raff's Naturgeschichte findet. Und wenn die Meneen weder vierhändig noch vierfüßig sind, müssen sie darum zwei Hände und zwei Füße haben? Man könnte eben so gut den Schluß machen: dieser Mann ist weder eine Million reich, noch ist er ein Bettler; also ist er eine halbe Million reich. Aber mit nichten! Er kann tausend Gulden im Vermögen haben, zweitausend Gulden, zehntausend Gulden, hunderttausend Gulden; zwischen einer Million und einer halben Million liegen 999,998 Fälle, die Kreuzerfälle ungerechnet. So brauchen auch die Meneen, weil sie nicht vier Hände und vier Füße haben, darum doch nicht zweihändig und zweifüßig zu sein. Sie können eine Hand und drei Füße haben, oder einen Fuß und drei Hände, oder fünfzig Hände und gar keine Füße, oder tausend Füße uub gar keine Hände. Und woraus schließt Herr von Gruithuisen, daß die Meneen weder vier Füße, noch vier Hände haben? Man höre. „Gegen die Annahme, daß die verständigen Wesen auf dem Monde Vierfüßer seien, stehen die regelmäßigen Gebäude auf der Mondoberfläche im vollkommenen Widerspruch, da deren Erbauung ohne geometrische Kenntniß gar nicht möglich ist." Aber liegt denn die Kenntniß in den Händen? In den Händen liegt nur die Kunstfertigkeit, und nicht in diesen allein. Der Biber baut seine unterirdische Wohnung, der Vogel sein Nest, die Biene ihre Zelle, ohne Geometrie und ohne Hände. Ja die Natur selbst, welche die vollendetsten Kunstwerke bildet, hat auch keine Hände. Ferner „Gegen die Vierhändigkeit streitet die auf dem Monde sichtbare, 60 bis 70 geographische Meilen lange Straße und der erst neulich von mir entdeckte 30 Meilen lange äußerst reguläre Wall, der auf Wandergewölbe unterm Boden rathen läßt." Auch die Gültigkeit dieses Beweises können wir nicht anerkennen. Zwar hat es mit den Mond-Chausseen seine vollkommene Richtigkeit, ja man kann sogar mit guten Fernröhren die Inschriften auf den Meilenzeigern lesen; aber daraus auf die Füße der Meneen zu schließen, ist sehr übereilt. Vielleicht kriechen die Meneen auf ihren vier Händen, vielleicht benutzen sie die Landstraßen blos zum Fahren und Reiten, vielleicht werden die Chausseen gar nicht von verständigen Wesen befahren, sondern blos von unvernünftigen Dampfwagen. Die Wandergewölbe beweisen eben so wenig. Vielleicht sind es keine Wandergewölbe, sondern Kriechgewölbe, vielleicht dienen sie weder zum Gehen, noch zum Kriechen, sondern zu Wasserleitungen oder Kloaken; kurz — über die Hände und Füße der Meneen läßt sich durchaus Nichts mit Bestimmtheit sagen.

Doch ganz anders verhält es sich mit dem Kopfe; den haben die Meneen und zwar von der vorzüglichsten Qualität. Herr von Gruithuisen meint: „unser Stolz ließe es nicht zu, die Meneen in der Verstandscultur höher zu setzen, als wir stehen, und doch könnte man manche Dinge deuten, daß so etwas zu vermuthen stünde." Ich weiß in der That nicht, wie die andern Menschen in diesem Punkte denken; aber was mich betrifft, ich bin gar nicht stolz; die Meneen geniren mich nicht im Mindesten, und ich räume ihnen überall den ersten Platz ein, mich gern mit dem zweiten begnügend. Doch woran und woraus erkennt man, daß die Meneen zu den gebildeten Ständen gehören? „Ich will hierüber — sagt Herr von Gruithuisen — nur Andeutungen zu Consequenzen geben, die auf die Vermuthungen führen müssen, die Meneen stünden auf einer hohen Stufe von Cultur, sowohl der Kunst, als der Wissenschaft." Es ist ganz unerklärlich, warum Herr von Gruithuisen hier, gerade hier, wo er die stärksten Beweise hat und gibt, sich so behutsam ausdrückt, warum er, statt zu sagen: so ist es, nur von Andeutungen zu Consequenzen spricht, die zu Vermuthungen führen? Doch lassen wir das gut sein und halten wir uns bereit, uns von den Andeutungen zu den Consequenzen, und von den Consequenzen zu den Vermuthungen führen zu lassen. Haben wir einmal die Vermuthungen erreicht, bleibt es uns unverwehrt, die Vermuthungen in Ueberzeugungen zu verwandeln.

„Im Jahre 1796 entdeckte Schröter in einer gewissen Provinz des Mondes ein aus hellen, vollkommen geraden

Streifen bestehendes Gebilde, welches einem Kometenschweif ähnlich ist. Da Schröter vor 1788 dieses Gebilde nicht wahrgenommen, so muß es erst um jene Zeit zwischen den Jahren 1788—96 entstanden sein. Solche regelmäßige 20 Meilen lange Streifen kann die Natur nicht ziehen, sie müssen ein Werk der Kunst sein. Was konnte der Zweck der Meneen bei Anlegung eines solchen ungeheuren Kunstwerks sein? Es lassen sich hier nur zweierlei Zwecke denken, welche auf gleiche Weise auf einen hohen Grad von Verstandscultur schließen lassen. Entweder die Meneen haben mit uns eine **Zeichensprache anbinden**, oder sie haben die **Zusammenkunft eines Planeten mit einem Kometen bildlich darstellen** wollen. Sie haben es darauf abgesehen, **uns zu zeigen, daß sie von der Ausbildung der planetarischen Weltkörper durch Aggregation die rechte Ansicht haben**. Wäre dieses, so müssen die Meneen gar kleine Begriffe von der Agilität unserer Verstandeskräfte haben, wenn sie wüßten, daß wir Erdenbewohner erst im laufenden Jahrhunderte angefangen haben, in allem Ernste an die Aggregationstheorie zu denken. Kaum wird ein Physiker einen weitern natürlichen Erklärungsgrund jenes kometenschweifähnlichen Gebilds auffinden, **der nicht matt, unpassend, ungereimt oder wohl gar lächerlich ist**."

„Wenn nun auch dieses wahrscheinliche Kunstgebilde der Meneen nicht absolut darauf hindeutet, daß dieselben die Größe ihrer körperlichen Kräfte und die Ausdauer ihres Fleißes uns zur Bewunderung und Nachahmung haben darstellen wollen, so hat es dennoch sehr viel für sich: gleichwie dieselben Gedanken entstehen müssen, wenn man aufmerksam die Erscheinung zerlegt, die Eisenhard am 25. Juli 1774 um Mitternacht im Mare Crisium bis Tagesanbruch beobachtet hat, da, wie mir scheint, die Mondbewohner die dortige von ihnen ohne Zweifel schon voraus berechnete Pracht eines nordlichtähnlichen Phänomens auch mit einer vierfachen künstlichen Beleuchtung verbunden haben. Oder hat sich damals ein Kaiser oder ein König im Mond krönen lassen oder vermählt? Die Illumination im Mare Crisium geschah auch wie bei uns nach Untergang der Sonne."

Es ist sehr zu loben, daß Herr von Gruithuisen als ein ehrlicher Mann überall seine Meinung frei heraussagt; aber die Freiheit, die er sich selbst nimmt, sollte er auch Andern verstatten. Es ist daher gar nicht zu loben, wenn, indem er die Illumination im Monde naturphilosophisch erklärt, er jede andere, von der seinigen verschiedene, Erklärungsart zum voraus verdammt und sie **matt, unpassend, ungereimt und lächerlich** nennt. Die Unschuld muß viel leiden in diesem Jammerthale! Aber der Gerechte zittert nicht, und ich werde daher ohne Scheu von den Beleuchtungen der Meneen eine neue Erklärung geben, die, wie ich mir schmeichle, alle billigen Kenner befriedigen wird. Die Sätze des Herrn von Gruithuisen umzustoßen, scheint mir ein Leichtes, da sie durchaus keine Haltbarkeit haben. Zuerst wird behauptet: die zwanzig Meilen langen lichten Streifen, die Schröter im Monde entdeckt, wären von den Meneen gebildet worden, um eine Zeichensprache mit uns anzubinden. In den betrübten, taubstummen Verhältnissen, worin Meneen und Menschen gegen einander stehen, bliebe ihnen freilich nichts Anderes übrig, als sich durch Zeichen verständlich zu machen, so oft sie sich mit einander unterhalten wollten; aber wie kann dies geschehen, wenn sie nicht zuvor wegen der Bedeutung der Zeichen übereingekommen? Zwanzig Meilen lange lichte Streifen sind nichts als zwanzig Meilen lange Gedankenstriche, wobei Jeder sich denken kann, was er will. Oder es sind Notenlinien, mit Feuertinte gezogen; aber wo sind die Noten, wo ist die Melodie, wo der Text? Es ist also Nichts, gar Nichts mit dieser Zeichensprache! Noch weniger Grund hat die Erklärungsart, die Meneen hätten illuminirt, um die Zusammenkunft eines Planeten mit einem Kometen bildlich darzustellen. Wenn ein Komet mit einem Planeten zusammentrifft, so mag dies einen gräulichen Lärm verursachen, und solche Schrecken zu versinnlichen, wären akustische Zeichen, Pauken und Posaunen, Kanonendonner, Jammergeschrei viel geeigneter, als lange, helle, vollkommen gerade Streifen, die keine andere Vorstellung, als die von Ruhe und Ordnung erwecken können. Und wie kann man sich gar denken, daß die Meneen mit so großem Kostenaufwande einen zwanzig Meilen langen Weg illuminirt haben sollten, blos um uns zu zeigen, daß sie von der Ausbildung der planetischen Weltkörper durch Aggregation die rechte Ansicht haben? Wie kann den Meneen so viel daran gelegen sein, was wir von ihren astronomischen Kenntnissen halten. Aber Herr von Gruithuisen meint, sie hätten sich über die Agilität unserer Verstandeskräfte lustig machen wollen. Wie! Sind wir berechtigt, die guten Meneen für Prahler und Spötter zu halten? Und wären sie es ja, fänden sie keinen bessern und reichern Stoff für ihre Satyre? Ist es denn unsere größte Dummheit, daß wir erst im laufenden Jahrhunderte angefangen haben, an die Aggregationstheorie zu denken?

Eben so unzulässig als obige Erklärung der zwanzig Meilen langen Illumination ist die Weise, wie eine andere ähnliche Erscheinung, die Eisenbarb im Jahre 1774 beobachtete, gedeutet wird. Damals sollen die Meneen ein prächtiges Nordlicht mit einer vierfachen Illumination verbunden haben! Wahrlich, wäre dies geschehen, dann hätten die Meneen, die doch Herr von Gruithuisen in der Bildung so hoch stellt, sehr wenig ästetisches Gefühl, dann müßten sie sich auf optische Vergnügungen sehr schlecht verstehen. Ein Nordlicht durch eine Illumination verherrlichen wollen, wäre eben so lächerlich, als wenn wir den Sonnenaufgang mit einem Feuerwerke begleiteten. Auf diese Weise hatte sich einst Raynal abgeschmackt gezeigt, als er, das Andenken Wilhelm Tells zu ehren, in einem engen, von Riesenalpen umschlossenen Schweizerthale einen lächerlichen Zahnstocher von Granit, Obelisk genannt, aufrichten ließ. Die andere Erklärung der Eisenharb'schen Beobachtung, daß nämlich jene Illumination zur Krönungsfeier eines Kaisers oder Königs veranstaltet worden wäre, hätte zwar in sich nichts Verwerfliches, doch hat sie den Fehler, daß sie mit einer eigenen Erklärung, mit welcher ich jetzt hervortreten will, im geraden Widerspruche steht, — und das ist ein Hauptfehler. Die Illumination im Jahre 1774 geschah zur Feier der amerikanischen Revolution. In diesem Jahre föderirten sich die dreizehn Provinzen Amerika's und fielen von England ab. Zwar geschah dies erst am 5. September und die Illumination fand schon am 25. Juli statt; aber für die klugen Meneen war es eine Kleinigkeit, dieses merkwürdige Ereigniß einige Wochen vorherzusehen. Die andere Illumination, die Schröter von 1788 an bemerkte, war zur Feier der französischen Revolution veranstaltet. Sie begann gleich nach der Zusammenberufung der Generalstaaten und dauerte ununterbrochen bis 1796. Diese meine Auslegung lobt sich selbst und ich habe nicht nöthig, viele Worte zu ihrer Empfehlung zu verwenden.

Was die Religion der Meneen betrifft, so war Herr von Gruithuisen früher der Meinung gewesen, daß die Meneen dem Sterndienste ergeben wären, und er hatte jenes obenbesprochene kometenschweifartige Gebilde damit in Bezug gesetzt. Er ist aber nachher, aus guten Gründen, von dieser Meinung wieder abgekommen. Herr von Gruithuisen sagt, mit lobenswerther Bedächtigkeit: „Ueberhaupt würde die Ausmittelung der den Meneen eigenthümlichen Religionsform mit einiger Gewißheit vorerst schon darum ganz unmöglich sein, weil wir nicht wissen, ob es nicht bei ihnen eine eben so auffallende Verschiedenheit von Völkern gibt, wie auf der Erde, bei welchen man doch meist völlig von einander abweichende Religionsformen antrifft, die vielleicht deren Urväter aus dem Universum mit auf die Erde herabgebracht haben." Herr von Gruithuisen glaubt also, die Religionen wären auch ein Niederschlag aus dem Aether, sie wären zugleich mit den Priestern, die sie lehren, aus verschiedenen Himmelskörpern auf die Erde herabgefallen! Aus welchem närrischen Sterne mag wohl Fitzliputzli, ein Gott der Südsee-Insulaner, herabgepurzelt sein? Doch dieses zu untersuchen ist jetzt nicht Zeit; es warten unserer noch einige sehr wichtige Kapitel.

„Sind die Meneen im Stande, dereinst Erdbewohner zu werden?" — fragt Herr von Gruithuisen, und er antwortet: „Ja. Da wir sie mit den Menschen vergleichen, müssen wir annehmen, daß die Lunge der Meneen gleich der der Menschen organisirt sei. Hätten sie aber auch einen eigenen Lungenbau, könnten sie immerhin mit einer sonst starken Körperconstitution auf der Erde fortleben." Frage und Antwort sind gleich überraschend. Nachdem Herr von Gruithuisen die Meneen hoch über die Menschen gestellt, und das mit allem Rechte, denn sie veranstalten Illuminationen, die zwanzig Meilen weit gehen, sie haben die Aggregationstheorie gekannt, als wir noch keine Ahnung davon hatten, und sie sind, was „ausgemacht" ist, „größer als wir, vielleicht wahre Riesen" — nach dem Allen bereitet er ihnen keine schönere Zukunft, als daß sie auf unsere jämmerliche Erde, die doch wahrlich kein Prytaneum des Verdienstes ist, herabkommen werden! So wird die Tugend belohnt, so werden Künste und Wissenschaften aufgemuntert, so wird es den Meneen gedankt, daß sie die Aggregationstheorie entdeckt! Doch genug davon; jedem Manne von Gefühl muß das Herz bluten über solche Ungerechtigkeiten. Auf welche Art nun können die Meneen Erdbewohner werden? Auf eine sehr einfache Art: Der Mond bringt sie herab. „Bis sich der Mondkörper in die Erde versenkt, können 25 bis 30,000

Jahre vergehen;" sagt Herr von Ornithuisen, und dann spricht er wie folgt: „Es haben die Meneen auf verschiedene Mittel bedacht sein müssen, um zu schützenden Wohnungen zu kommen, als der Komet zum Planeten und der Planet zum Monde geworden war, und sich allmählich die kometarische Bodenwärme verloren hatte. Was werden die Meneen wohl noch Alles erfinden müssen, um die 25,000 Jahre auf einem immer kälter und wasserleerer werdenden Weltkörper in derselben Gemächlichkeit fortleben zu können! . . . . Wenn der Mond sich nun in die Erde versenkt, wird er einen etwas kleinern Platz einnehmen, als der Komet Neu-Hollands einnimmt. Der Ort, wo er sich an seinem Aequator versenkt, wird auf den Aequator der Erde oder nicht weit von ihm treffen. Alle organische Wesen vom Monde und von der Erde werden abgespült, und was sich nicht abspülen läßt, geräth in die Einsenkungsfugen und wird zermalmt. Was sich aus der Katostrophe rettet, lebt fort, wenn es eine kräftige Natur hat, und was den Tod leidet, wird zur ewigen Urkunde dieser Begebenheit in den Flötz- und aufgeschwemmten Gebirgsformationen deponirt, die sich dort herum neu bilden." Daß der Mond einst zur Erde herabkommen wird, hat Offian schon vor fünfzehnhundert Jahren behauptet. In einem seiner Gesänge sagt er: „ . . . auch du wirst fallen in irgend einer Nacht, und deinen blauen Pfad am Himmel verlassen! Dann heben die Sterne ihre Häupter empor — sie, die jetzt noch deine Gegenwart beschämt, sie werden frohlocken!" Ob aber die Menschen frohlocken werden, ist sehr zu bezweifeln. Was mich betrifft, so bin ich ruhig; ich habe eine schwächliche Constitution und fürchte nicht das schreckliche Ereigniß zu erleben. Aber die starken und gesunden Leser des Herrn von Ornithuisen bedaure ich von ganzem Herzen. Welches Schicksal steht ihnen bevor, wenn der Mond kömmt? Entweder sie dauern fort, weil sie eine kräftige Natur haben, und dann werden sie von den Meneen, die ausgemachte Riesen sind, wie Kinder mit Geringschätzung behandelt werden, oder sie gehen auf die eine oder die andere Art jämmerlich zu Grunde. Sie werden abgespült, oder sie gerathen in die Versenkungsfugen und werden zermalmt, oder werden in die staubigen Archive der Flötzgebirge als Actenstücke niedergelegt, oder müssen, als Wachssiegel in dunkeln Kapseln, zur Beglaubigung der Vergangenheit dienen — gewiß das traurigste diplomatische Loos, das sich nur denken läßt! Doch Herr von Gruithuisen malt den Mondfall anders und schöner aus. Hören wir, was er in dem Kapitel: „Was werden die Seen und Meneen bei dieser Katastrophe thun und leiden?" weiter erzählt.

Die Fluthen werden größer, die Ebben kleiner, die Mondsmonate kürzer, die Meeresströmungen heftiger, das Meer steigt. Das rothe Meer bricht periodisch in das mittelländische, das mexicanische zum großen Ocean für immer durch. (Die Amerikaner müssen wohl von dem bevorstehenden Mondsfalle noch Nichts wissen, denn wie man gehört, haben sie den Plan gefaßt, die Landenge von Panama mit großer Mühe und vielen Kosten zu durchstechen.) Die Molucken und Sundainseln werden immer mehr zerfressen, und die meisten, zwischen den Tropen gelegenen Inseln des stillen, indischen und atlantischen Meeres unter Wasser gesetzt. Man wird sich von den Inseln auf die Continente, von den Niederungen in die höheren Gegenden flüchten.... Nun wird man anfangen zu berechnen, wie lange noch bis zu der Zeit hin ist, wo sich der Mond in die Erde senkt; man wird dagegen wieder ausrechnen, daß diese Begebenheit nicht möglich sei, während die Aequatorsbewohner sich allmählich immer näher gegen die gemäßigten Zonen flüchten müssen, und so wird es fortgehen, bis die Inseln und niedrigen Tropenländer menschenleer sein werden. Auch das Innere der Erde wird unruhig werden; Erdbeben, Vulkane, Völkerwanderungen nach Norden, Kriege, später auch Auswanderungen aus den gemäßigten Zonen nach den nördlichen, aber minder kriegerisch, weil nur die Klügern fortgehen und die minder Klugen bleiben werden ... Nun wird man mit gewöhnlichen Taschenfernröhren schon die Kunstwerke der Meneen eben so sehen und bewundern, wie ich sie mit starken Achromaten sah und bewunderte, aber man wird sie leer finden, (die Kunstwerke?) denn die Meneen sind allmählich aus Mangel an Wasser, und aus dem Besitze der Kunde von dem, was da kommen soll, auf die von uns abgekehrte Seite des Mondes gewandert, und haben die Mitte desselben eingenommen .... Endlich erwartet man mit bangem Herzen die Katastrophe der Berührung der großen Weltkörper und das Einsinken des kleinern in den größern, und sieht sich auf große Erdbeben vor, die auch nicht ausbleiben können; das Meer kommt und geht. Sobald die Unruhen und Oscillationen der Gewässer alle vorüber sind, wird man eine ganz andere Geographie haben. (Die Verleger der geographischen Handbücher und Landcharten werden wohl thun, ihre Auflagen nicht zu stark zu machen. Gleditsch Erben in Leipzig werden die Vorsicht ihrer Ahnen nicht genug loben können, daß sie sich mit der Encyclopädie nicht übereilt; es wird nur nöthig werden, diese bis zum Buchstaben L umzuarbeiten.) Große Erschütterungen haben die Meneen der Katastrophe ertragen; Stürme, Gewitter. Die neue, dichte, feuchte, stets warme Luft, kurz der ganze Epochenwechsel, rafft Tausende der Meneen durch Seuchen hin, bis endlich eine der Erde mehr anpassende Generation der Gemeneen entsteht .... Mittlerweile bekommen die Gemeneen Besuch von den Geen (das wäre gegen alle Etikette; die Schicklichkeit erfordert, daß die Gemeneen den Geen die erste Visite machen.) Austausch der Geschichte, Begriffe, Naturalien und Kunstwerke. Neue goldene Zeit. Die Erde

dreht sich geschwinder. (Wie wird der Offenbacher
Staatsmann jammern — er, der neulich in einer sehr
geistreichen Abhandlung gezeigt, daß das Kopernikanische
System alle die heillosen Revolutionen unserer Zeit her=
beigeführt; denn, bemerkte er sehr richtig, da die Erde sich
bewege, wäre es den Geschöpfen auf ihr nicht zu verargen,
wenn sie dem gegebenen Beispiele folgten und keine Ruhe
hätten — wie wird er jammern, wenn er erfährt, daß die
Erde sich einst noch schneller drehen und, was noch stabil
geblieben, völlig über den Haufen werfen wird!) Die
Witterung wird regelmäßiger, die Atmosphäre der Erde
dichter und darum wärmer; mit einem Worte, es wird
eine neue Erde sein. Selbst die Natur der Geen wird
veredelt werden in ihrer Organisation; ob auch ihre Mo=
ralität und Sitten, das überlasse ich jedem Andern zur
Untersuchung ... „Solche Ergebnisse konnten nur
durch philosophische Reflexionen gewonnen wer=
den. Sie waren bestimmt, der Erfahrung vor=
auszueilen; aber ob sie das thaten, wird die
Nachwelt durch Stimmenmehrheit oder durch
Ueberzeugung richten."

Das Programm der Feierlichkeiten bei der bevorstehen=
den Ankunft des Mondes, das uns hier gegeben wird, ist
umständlich genug, und befriedigt jede billige Neugierde.
Vielleicht hätte Mancher noch Manches gern erfahren, wo=
von das Programm schweigt; aber das müßte ein sehr
ungelehriger Schüler sein, der nicht in der Prophetenschule
des Herrn von Gruithuisen gelernt, die Zukunft voraus=
zusehen und sie sich selbst zu deuten.

Ende.